Instituto Phorte Educação
Phorte Editora

Diretor-Presidente
Fabio Mazzonetto

Diretora-Executiva
Vânia M. V. Mazzonetto

Editor-Executivo
Tulio Loyelo

Profissão Goleiro

Da iniciação ao alto rendimento

Renan Monteiro Queiroz

Phorte editora

São Paulo, 2012

Rua Treze de Maio, 596
Bela Vista – São Paulo – SP
CEP: 01327-000
Tel/fax: (11) 3141-1033
Site: www.phorte.com.br
E-mail: phorte@phorte.com

CIP-BRASIL. CATALOGAÇÃO-NA-FONTE
SINDICATO NACIONAL DOS EDITORES DE LIVROS, RJ

Q47a

Queiroz, Renan Monteiro
Profissão goleiro: da iniciação ao alto rendimento / Renan Monteiro Queiroz. - São Paulo: Phorte, 2012.
200p.: il.

Inclui bibliografia
ISBN 978-85-7655-312-0

1. Goleiros de futebol - Formação. 2. Goleiros de futebol - Treinamento. 3. Goleiros de futebol - Fisiologia. 4. Futebol - Ação do goleiro. I. Silva, Felipe Rodrigues da. II. Título.

11-1079. CDD: 796.33426
CDU: 796.056.222

24.02.11 28.02.11 024772

Impresso no Brasil
Printed in Brazil

Este livro foi avaliado e aprovado pelo Conselho Editorial da Phorte Editora.
(www.phorte.com.br/conselho_editorial.php)

Toda mãe se preocupa com o filho, e uma mãe professora nem se fale... Minha gratidão a você, Rosana, exemplo para tantos alunos nesses mais de vinte anos de carreira. Você, que sempre pegou no meu pé, não deixando que o meio esportivo influenciasse de forma negativa os meus estudos.

Ao meu pai, João, que me apoiou dentro e fora de campo, sendo meu ombro amigo em situações difíceis, e a Érica, minha irmã, meu par; não há palavras que descrevam minha admiração por você.

Renan Monteiro Queiroz

Apresentação

Desde que surgiu a figura do goleiro, muitas regras e adaptações foram feitas ao longo dos anos para tentar tornar o jogo de futebol mais dinâmico e competitivo.

Marcar um gol, por exemplo, é o foco do jogo e o objetivo das mudanças nas regras, a favor de seus "fazedores de gol"; em contrapartida, o goleiro que é o principal responsável por não permitir tal façanha, também tem evoluído conforme mudança, uma delas é o surgimento do treinador de goleiros que ficou responsável por aprimorar seus fundamentos técnicos.

Mas, novamente, isso não bastou. O futebol modernizou-se e buscou conhecimentos não só práticos, mas também científicos, e, com isso o Treinador de Goleiros também teve de se aperfeiçoar para cumprir a missão de não apenas ensinar, corrigir e aperfeiçoar os fundamentos técnicos, mas também estimular, desenvolver e aprimorar as capacidades físicas do goleiro, coisa que antigamente era cabível apenas ao preparador físico.

Para isso, é necessário que se tenha um planejamento com embasamentos que possam auxiliar o goleiro a evoluir a cada ano. Neste livro, apresentaremos três pilares da preparação de goleiros para ajudar em tal tarefa, são eles:

1. No capítulo de Preparação técnica, serão abordadas as principais técnicas em treinamentos e jogos, com ilustrações, exercícios recomendados e os principais erros de execução.
2. No capítulo de Preparação física, será abordada a sobrecarga nos movimentos realizados pelos goleiros durante jogos e treinamentos, exercícios de treinamento com o objetivo de formação e prevenção de lesões e exercícios de treinamento, com o objetivo de aprimorar o rendimento.
3. A Preparação psicológica será discutida desde as categorias de base, passando pela adolescência e finalizando na fase adulta do atleta de futebol.

Ao ler este livro, você ganha embasamentos teóricos e um material didático específico para dar suporte a todos aqueles que dependem do seu profissionalismo e da "Profissão Goleiro".

Sumário

Parte 1
Ser goleiro

1

Aspectos gerais

Renan Monteiro Queiroz

O que é ser goleiro?

Dizem que:

- O goleiro tem por obrigação defender sua meta "gol"...
- O goleiro deve repor a bola em jogo com eficiência, proporcionando um contra-ataque...
- O goleiro é 80% do time...
- Um bom time começa com um bom goleiro...
- O goleiro faz parte do sistema defensivo...
- O goleiro faz parte do sistema ofensivo...
- O goleiro, por ter visão privilegiada do jogo, deve orientar sua equipe, sendo um treinador dentro de campo...
- A posição de goleiro é ingrata...

Entre muitos "disse me disse", os assuntos apresentados neste livro terão como foco ajudar o leitor a responder a estas três perguntas:

- O que é ser goleiro?
- O que é necessário para que se possa ser um bom goleiro?
- Que conhecimento é preciso ter para formar um bom goleiro?

Antes de iniciar um trabalho, preparadores de goleiros e goleiros devem ter o entendimento claro sobre essas questões para que, assim, possam alcançar seus objetivos por meio de metas planejadas, sabendo o que realmente está sendo trabalhado, o porquê dos acertos e o porquê dos erros encontrados.

A partir daqui, mostraremos tudo o que envolve a posição, desde a vestimenta até o treinamento dentro de campo.

O jogo começa agora...

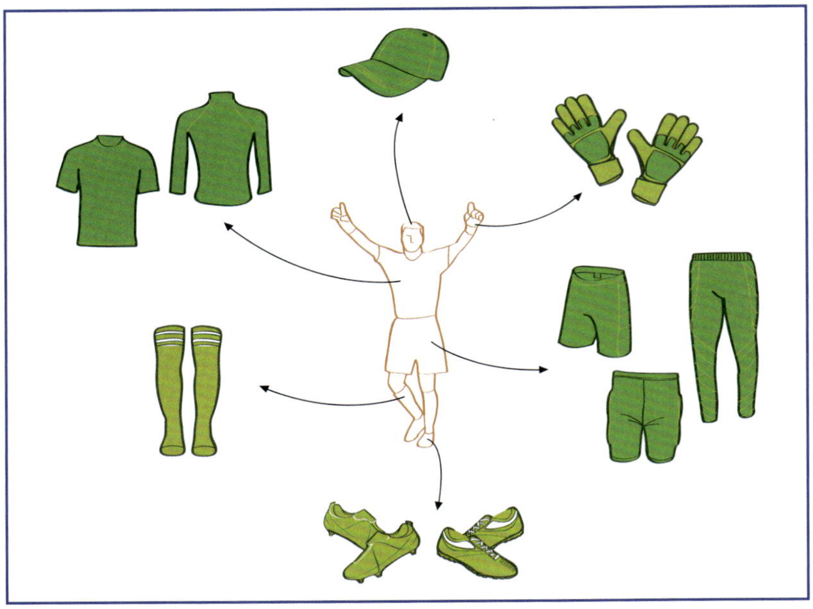

FIGURA 1.1 – Equipamentos: camisa diferente do restante da equipe, podendo ter mangas curtas ou compridas; camisa térmica para proteção contra o frio e os arranhões ocasionados por campos irregulares; *shorts*; *shorts* térmico com almofadas para proteção de impacto; calças; luvas; meiões; chuteiras de trava e chuteira *society*; boné (permitido no futebol), usado sob um sol forte.

GOLEIRO: LINHA DO TEMPO...

Segundo o livro *Goleiros: heróis e anti-heróis da camisa 1* (Guilherme, 2006), "O goleiro nasce como filho bastardo do rúgbi".

Duas modalidades disputavam a preferência dos alunos das escolas inglesas: em uma delas, usavam-se os pés; na outra, valia jogar com as mãos e os pés.

Esses esportes, que hoje são chamados de futebol e rúgbi, tiveram um processo de evolução por meio de regras preestabelecidas:

- Em 1846, os estudantes Thomas Arnols e Williams Webb definiram as regras do rúgbi, e, dois anos depois, representantes das escolas Cambridge unificaram algumas regras do que se tornaria o futebol, proibindo o uso das mãos, o que o diferenciava do rúgbi.
- Em 1863, é criada a The Football Association, em Londres. Nasce o futebol moderno.
- Em 1870, fica definido que um time de futebol deve contar com 11 jogadores, todos jogando na linha. Para evitar o gol do adversário, os times costumavam deixar um jogador guardando a meta. Esse jogador era chamado de "expectador" ou "vigia", e sua função era evitar que a bola passasse por ele. No entanto, não podia pegar com as mãos e não se diferenciava dos demais companheiros.
- Em 1871, é fundada a Rugby Football Union, consolidando a separação entre o rúgbi e o futebol.

A Football Association decide então criar a figura do *goalkeeper*, o goleiro, único jogador entre os 11 atletas do time que pode se valer das regras do rúgbi, utilizando as mãos para defender a bola.

"O GOLEIRO NASCE COMO FILHO BASTARDO DO RÚGBI".

Onde e quando iniciar?

• Onde?

Em qualquer lugar! No futebol, não há limites para a imaginação, uma bola pode ser feita por meias velhas ou até mesmo por uma latinha de refrigerante amassada no intervalo do colégio. O goleiro quase sempre é alvo de histórias, casos de consagração por belas defesas e de piadas por suas falhas, sendo o herói ou o vilão de sua escolinha de futebol, do seu campinho de várzea, do futebol de sua rua ou de tantos outros lugares inimagináveis.

• Quando?

Como o objetivo deste livro é apresentar as técnicas e os exercícios que envolvem o treinamento de goleiros, não poderíamos deixar de lado esse assunto, já que o goleiro ocupa uma posição específica do jogo de futebol, com um treinamento próprio.

Muitos autores vêm discutindo a respeito da idade ideal para se iniciar e especializar em modalidades esportivas. Em se tratando de futebol, essa polêmica aumenta ainda mais, o que decorre do fato de algumas pessoas e alguns ambientes esportivos não respeitarem as idades sugeridas pela literatura; entendemos, porém, todo o contexto sociocultural que envolve esse esporte, assim como o surgimento de novos estudos acerca dessa teoria de idade.

Neto (2008) afirma que

> a iniciação esportiva é o período em que a criança começa a aprender de forma específica e planejada. Entretanto, é necessário que respeitem suas características para que não ocorra a especialização precoce. Para tanto, as habilidades esportivas devem ser iniciadas entre os 7 e 10 anos sem que haja especificação de uma modalidade.

De acordo com Oliveira e Paes (2004),

> a faixa etária entre 7 e 10 anos corresponde à fase de iniciação esportiva I – na qual se deve introduzir os jogos coletivos, desde que as atividades tenham caráter lúdico, participativo e alegre, oportunizando o ensino das técnicas desportivas por meio de jogos e brincadeiras. Entretanto, devem se evitar as competições antes dos 12 anos, a não ser competições que não enfatizem o vencedor, mas sim a participação, como os festivais, por exemplo.

Por meio dos conceitos teóricos analisados e de muitas observações em treinamentos, percebemos que o lúdico e o específico têm maior funcionalidade de acordo com a idade. Quanto mais jovem o goleiro, mais lúdico poderá ser o treinamento, e quanto mais velho, mais específico, porém sem deixar de lado a ludicidade, a qual proporciona prazer pelo que se faz.

O que um bom goleiro precisa ter?

Um goleiro, para se tornar bom, precisa estar preparado!

- Preparado para enfrentar diferentes situações climáticas e arenas de jogos.
- Preparado para executar corretamente uma defesa.
- Preparado para que seu rendimento se mantenha no ápice em treinos e jogos.
- Preparado emocionalmente para suportar críticas e cobranças vindas de companheiros de equipe, adversários, técnicos, imprensa e todos os que criticam de uma maneira ou de outra sua conduta dentro e fora de campo.

Referências

Guilherme, P. *Goleiros*: heróis e anti-heróis da camisa 1. São Paulo: Alameda, 2006.

Neto, J.B.A. *Jogos Coletivos na Educação Física Escolar*. Hortolândia: FAEF-UNASP, 2008.

Oliveira, V.; Paes, R.R. A pedagogia da iniciação esportiva: um estudo sobre o ensino dos jogos desportivos coletivos. *EF Deportes*, ano 10, n. 71, Buenos Aires, abr. 2004. Disponível em: <http://www.efdeportes.com/edf71/jogos.htm>. Acesso em: 20 abr. 2012.

Parte 2
Formação do bom goleiro

2

Preparação técnica

Renan Monteiro Queiroz

Neste capítulo serão abordadas as principais técnicas utilizadas pelo goleiro – defensivas e ofensivas –, para isso buscamos informações de pessoas da área (preparadores de goleiros, goleiros e escolas de goleiros), utilizando nomenclaturas que se aplicassem ao contexto formal (escrito – acadêmico), e as que são utilizadas no contexto informal (prático – meio esportivo).

• Reflexo ou velocidade de reação?

Tempo de reação: "é o tempo que decorre da apresentação de um estímulo ao início da ação motora em resposta a este estímulo externo" (Schmidt, 1988; Shidoji e Matsunaga, 1991).

Um exemplo é o chute do adversário em que o goleiro percebe o estímulo (chute) e inicia uma reação motora a este (defesa). Portanto, o tempo de reação é altamente treinável, sendo um movimento voluntário em que o goleiro pode escolher a resposta que irá executar.

Reflexo: termo incorreto muito usado por parte da mídia esportiva para descrever o "tempo de reação" de um goleiro, sendo o reflexo uma resposta automática e involuntária a um estímulo sensorial; portanto, não há como treiná-lo.

• Movimentos adaptados, tática individual

Quando o goleiro está em situação adversa e desconhece as habilidades motoras fundamentais para a realização de uma defesa, utiliza-se de movimentos adquiridos por meio de observações, o que os torna, muitas vezes, adaptados, ou por meio de táticas individuais definidas por ele mesmo como as mais eficazes para determinada situação.

O objetivo do goleiro é não deixar a bola entrar em seu gol, podendo ser utilizada qualquer parte de seu corpo para impedir a passagem dela.

- **Movimento técnico, técnica, fundamento técnico**

São habilidades motoras específicas do goleiro que podem ser aprimoradas por meio de treinamentos e jogos. Nesse caso, é fundamental a participação dos preparadores de goleiros, que irão ajudar a aprimorar essas técnicas e torná-los aptos a enfrentar as adversidades.

- **Níveis técnicos de evolução**

O treinamento técnico subdivide-se em três tipos de evolução: iniciação, intermediário e alto rendimento. Essa subdivisão é feita de acordo com o nível técnico do goleiro, na medida em que ele evolui nos treinamentos e jogos. Vale lembrar que o nível técnico não se confunde com a idade cronológica, ou seja, num treinamento, uma criança e um adulto podem estar no nível técnico de iniciação, assim como podem estar no nível técnico de alto rendimento, contanto que o treinamento para ambos seja diferenciado.

- **Treinamento para goleiros no nível técnico de iniciação**

> Aqueles que já sabem jogar devem ser orientados para aprender a jogar melhor; aqueles que sabem muito pouco ou nada de futebol devem receber toda a atenção até que aprendam o suficiente. (Freire, 2003)

Quando falamos em preparação para goleiros no nível técnico de iniciação, estamos nos referindo ao início da aprendizagem, ou seja, como ela será feita pelo goleiro/aluno e quando será utilizada.

- **Treinamento para goleiros no nível técnico intermediário**

Na preparação para goleiros de nível técnico intermediário, o goleiro deverá aprimorar e automatizar os fundamentos técnicos.

Deverão passar para o nível técnico de alto rendimento aqueles que estiverem realizando a maior parte dos fundamentos com uma porcentagem de erros baixa; essa avaliação deverá ser feita pelo preparador de goleiros, analisando os fundamentos que apresentaremos neste livro.

- **Treinamento para goleiros no nível técnico de alto rendimento**

Os goleiros aqui encontrados geralmente são atletas inseridos em várias competições anuais e que buscam, em seus treinamentos, corrigir os erros encontrados por meio de exercícios mais próximos da realidade de jogo.

O ideal seria o goleiro ter um desempenho satisfatório nos três tipos de preparação: física, psicológica e técnica.

(A) Técnicas defensivas

Técnicas defensivas são técnicas utilizadas quando se tem o risco de tomar o gol. Veremos a seguir quais são essas técnicas e como realizá-las para impedir ações ofensivas dos adversários. São técnicas defensivas:

- aquecimento;
- posição de expectativa e posição básica;
- pegada;
- encaixe;
- entrada;
- entrada com cama;
- quedas rasteiras;
- quedas altas;
- mão trocada;
- saídas de gol;
- recurso técnico.

AQUECIMENTO DO GOLEIRO

Platonov (2008) define aquecimento como

> o conjunto de exercícios e procedimentos especialmente selecionados para a preparação eficaz do organismo para o trabalho que virá a seguir. Este tem a função de ajustar os sistemas funcionais para o organismo começar seu trabalho no alto de sua capacidade.

O aquecimento do goleiro varia conforme a situação climática e a situação jogo ou treino.

Segundo Zakharov (1992),

> durante a realização de exercícios a baixas temperaturas ambientais, o ritmo do aquecimento deve ser mais lento e com maior duração. Já em temperaturas mais altas a duração do aquecimento deve ser reduzida.

Nos dias quentes, o aquecimento para treino poderá ser feito por meio de movimentações breves com ou sem bola; já na situação de jogo, o aquecimento deve priorizar técnicas como pegadas, encaixes, quedas e saídas de gol para que o goleiro se ambiente com a situação a ser enfrentada.

Nos dias chuvosos, o aquecimento nos treinos deverá conter movimentações contínuas para que o goleiro possa permanecer aquecido o maior tempo possível; já na situação de jogo, o aquecimento deverá ser feito com fundamentos técnicos similares aos que serão encontrados. Nessas situações, chutes rasteiros ao gol e com quiques são sempre viáveis, já que, com a chuva, geralmente se formam poças d'água na grande área (Figura 2.1).

2.1

Posição de expectativa e posição básica

• Posição básica

Segundo Abelha (1999), "se o goleiro estiver bem colocado, o ângulo de chute para o atacante fica pequeno, havendo assim maior possibilidade de se evitar o gol" (Figura 2.2).

• Posição de expectativa

Entende-se como posição de expectativa a ação feita pelo goleiro momentos antes de qualquer finalização do adversário; o objetivo é fazer que se aumente o nível de atenção e de pré-ativação da musculatura. Nesse fundamento, quanto mais bem-posicionado estiver (posição básica), menor será o desgaste com ações subsequentes (Figura 2.2).

2.2

- O olhar do goleiro deverá fixar-se na bola.
- Tronco ligeiramente inclinado à frente.
- Braços semiflexionados com as palmas das mãos voltadas para o centro do corpo.
- Joelhos semiflexionados.
- Pontas dos pés apontadas em direção à bola.
- Posicionamento dos pés na largura da linha dos ombros ou dois palmos de distância de um pé para o outro (Figura 2.3).

2.3

- Deverá se posicionar sobre a bissetriz do ângulo formado pelos postes laterais do gol e a bola (Figura 2.4).
- Vindo o adversário pelo centro do campo, o goleiro deverá se posicionar no centro do gol (Figura 2.5).
- Vindo o adversário pelas laterais do campo, o goleiro deverá se posicionar próximo às traves laterais (Figura 2.6).
- Movimento do quadril: flexionar de acordo com a proximidade da bola, ou seja, quanto mais próximo, mais flexionado (Figura 2.7).

2.4

2.5

2.6

2.7

- Na posição de expectativa, o goleiro deve realizar saltos curtos com a parte do antepé, ativando a musculatura (Figura 2.8).
- Interromper os saltos no momento em que a bola define sua trajetória, para que possa realizar a técnica escolhida (Figura 2.9).

2.8

2.9

Possíveis erros na execução

- O centro de gravidade não deverá estar muito baixo para bolas de longa distância, fato que prejudica partidas rápidas em bolas altas (Figura 2.10).
- O centro de gravidade não deverá estar muito alto para bolas de curta distância, fato que prejudica partidas rápidas em bolas baixas (Figura 2.11).
- Saltitar aleatoriamente (Figura 2.12).
- Saltitar com toda a planta do pé (Figura 2.13).
- Posicionamento muito fechado (Figura 2.14).
- Posicionamento muito aberto (Figura 2.15).
- Posicionamento muito atrás (Figura 2.16).
- Posicionamento muito à frente (Figura 2.17).

2.10

2.11

2.12

2.13

2.14

2.15

2.16

2.17

Exercícios indicados

Materiais utilizados: quatro bolas; escada de coordenação ou bastões

1 – *Goleiro*: posicionado no gol acompanhando movimentação do preparador de goleiros com posse de bola.

Preparador de goleiros: com posse de bola, movimentando-se em diferentes trajetórias próximo à grande área.

Duração: de um a dois minutos (Figura 2.18).

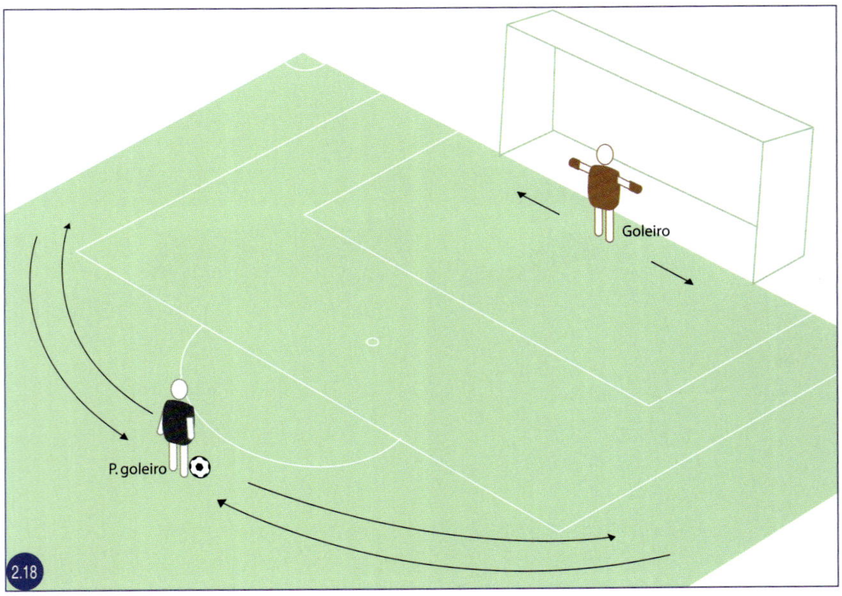

2.18

2 – *Goleiro*: deverá realizar saltos curtos conforme o ritmo de palmas do preparador de goleiros.

Preparador de goleiros: aumentar e diminuir o ritmo de palmas.

Duração: três repetições de trinta segundos a um minuto (Figura 2.19).

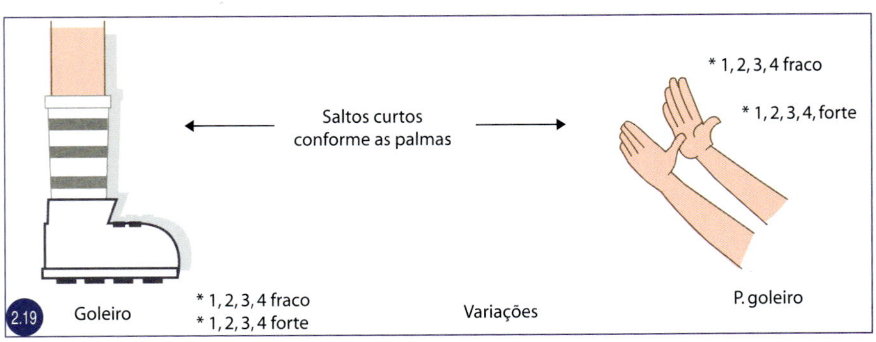

2.19

3 – *Goleiro*: na escada ou nos bastões, deve realizar cinco saltos curtos no primeiro obstáculo seguido de um salto lateral para o próximo obstáculo, onde repetirá os cinco saltos, fazendo isso até que se chegue ao final.

Preparador de goleiros: deve corrigir a coordenação dos movimentos.

Duração: duas repetições para cada lado (Figura 2.20).

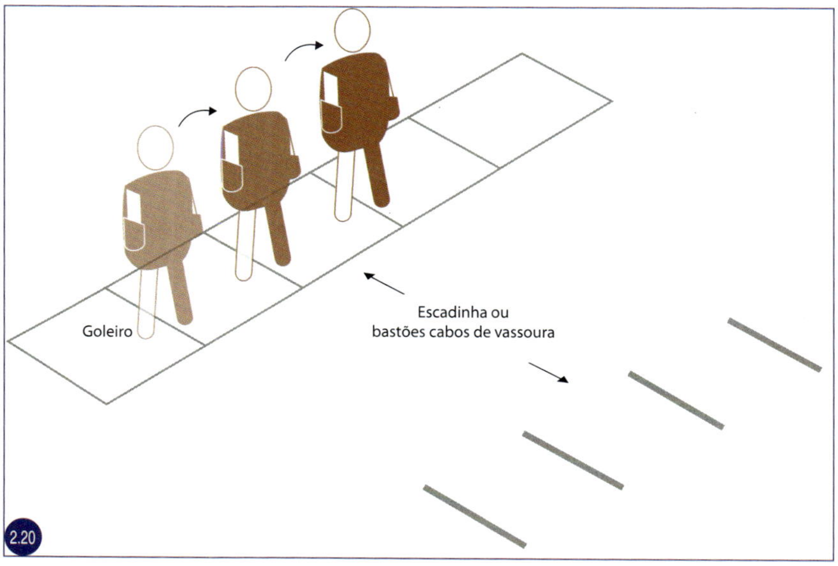

2.20

4 – *Goleiro*: ao comando do preparador de goleiros, deve realizar três saltos curtos entre cada cone e, ao término do terceiro cone, deverá voltar correndo ao início para que, em seguida, realize o mesmo procedimento para o lado direito.

Preparador de goleiros: deve corrigir a coordenação dos movimentos.

Duração: duas repetições para cada lado (Figura 2.21).

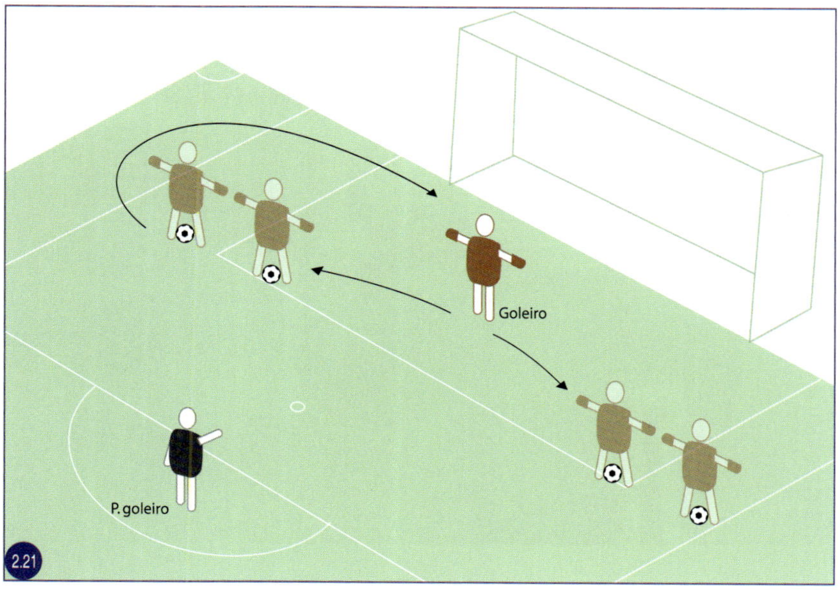

2.21

5 – *Preparador de goleiros*: correndo da lateral do campo com posse de bola em direção ao gol.

Goleiro: sair de seu gol em direção ao preparador de goleiros, abaixando o centro de gravidade conforme a aproximação (Figura 2.22).

Duração: oito repetições.

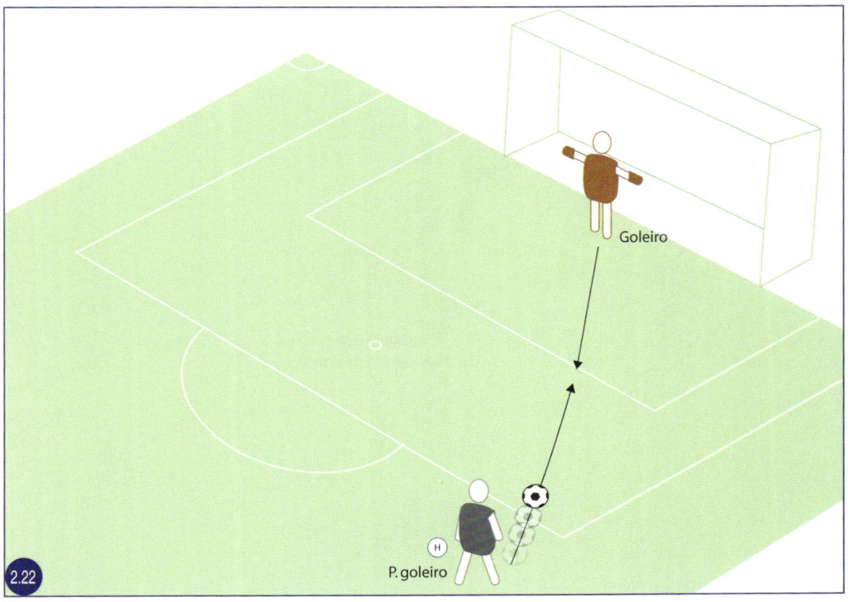

2.22

PEGADA

Movimento realizado pelo goleiro ao recepcionar a bola que pode ser da altura do tórax até a completa extensão de braços. A pegada possui duas variações: firme ou parcial (Figura 2.23).

2.23

- *Firme*: segurar a bola com as duas mãos.
- No movimento de pegada, as mãos devem estar atrás da bola num formato similar ao que chamamos de triângulo, com a aproximação dos dedos polegares e indicadores.
- Os cotovelos devem flexionar-se no momento da defesa para amortecer o impacto; os braços ficam paralelos ao corpo.
- O tronco ligeiramente inclinado à frente.
- Pernas semiflexionadas.
- Pés paralelos, aproximadamente na mesma largura da linha dos ombros (Figura 2.24).

2.24

- *Parcial ou dois tempos*: amortecer o impacto da bola, jogando-a contra o solo para depois segurá-la (Figura 2.25 a 2.28).

2.25

2.26

2.27

2.28

- Partindo da posição de expectativa, o goleiro deverá utilizar deslocamentos caso seja necessário, procurando estar sempre atrás da trajetória da bola, facilitando a técnica e impedindo que a bola entre no gol, já que, caso escape de suas mãos, baterá em partes do corpo (Figura 2.29 a 2.31).
- Em algumas situações, haverá a necessidade de um salto vertical para a realização da pegada (Figura 2.32).
- Ao realizar o movimento, o goleiro deverá trazer a bola próxima ao peito, estando com ela sob pleno domínio e evitando choques com os adversários (Figura 2.33).
- Olhar para a bola durante todo o movimento (Figura 2.34).

2.29

2.30

2.31

2.32

2.33

2.34

Possíveis erros na execução

- Realizar a pegada com os braços estendidos (Figura 2.35).
- Cotovelos afastados (Figura 2.36).
- Amortecer o impacto da bola com o peito (Figura 2.37).
- Nas bolas altas, estender os braços em vez de saltar para realizar a pegada (Figura 2.38).

2.35

2.36

2.37

2.38

Exercícios indicados

Materiais utilizados: quatro bolas e quatro cones.

1 – *Goleiro*: realizar a defesa *pegada*.

Preparador de goleiros: deve chutar ou jogar a bola com as mãos em direção à altura do rosto do goleiro.

Duração: dez repetições (Figura 2.39).

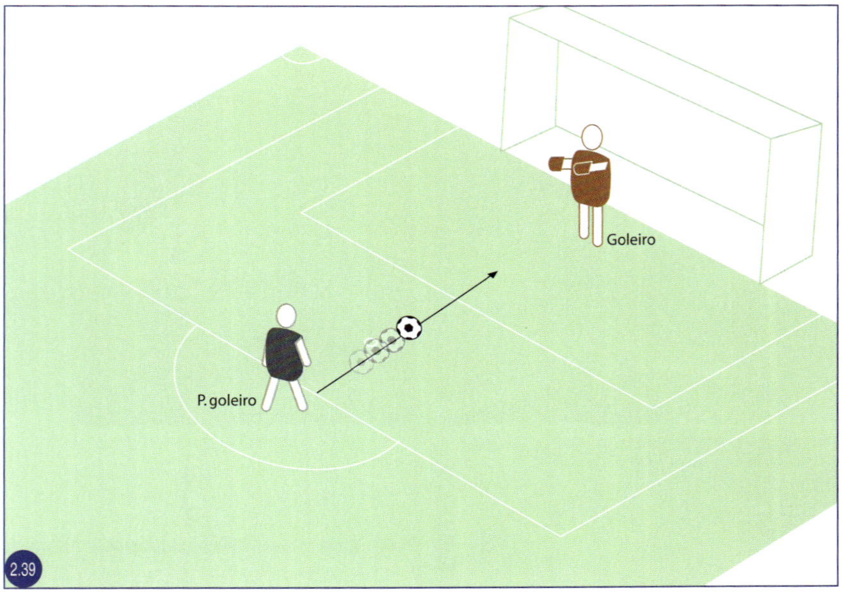

2.39

2 – *Goleiro*: posicionado no gol e ao comando do preparador de goleiros, irá se deslocar lateralmente de uma trave a outra, parando toda vez que chegar ao lado de uma trave para que possa executar a defesa *pegada*.

Preparador de goleiros: deve chutar ou jogar a bola toda vez que o goleiro se posicionar ao lado da trave.

Duração: seis repetições, sendo três para cada lado (Figura 2.40).

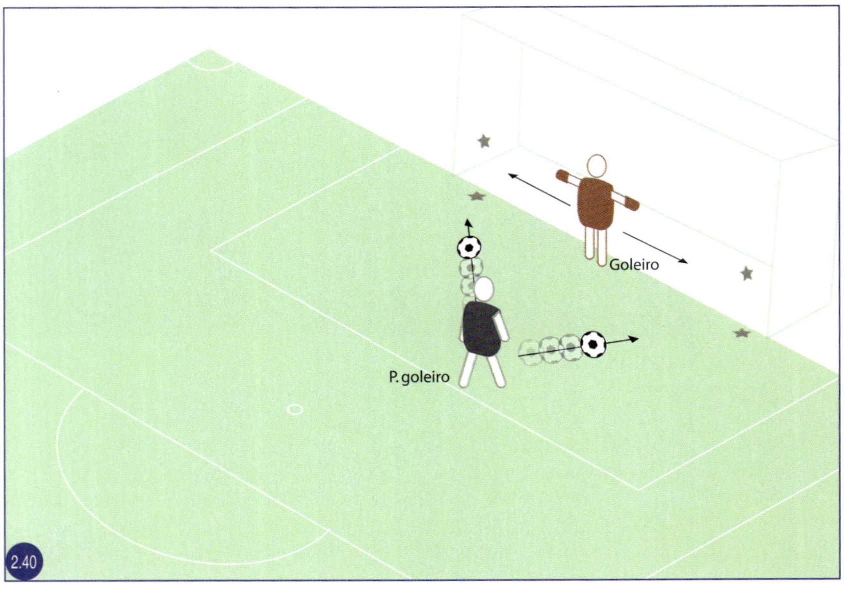

2.40

3 – *Goleiro*: ao comando do preparador de goleiros, deverá correr até a frente do cone da esquerda para realizar a defesa *pegada*, devolver a bola para o preparador de goleiros e retornar de costas ao cone inicial; realizar o mesmo procedimento para a direita.

Preparador de goleiros: deve jogar ou chutar a bola toda vez que o goleiro se posicionar à frente dos cones.

Duração: realizar oito repetições, sendo quatro para cada lado (Figura 2.41).

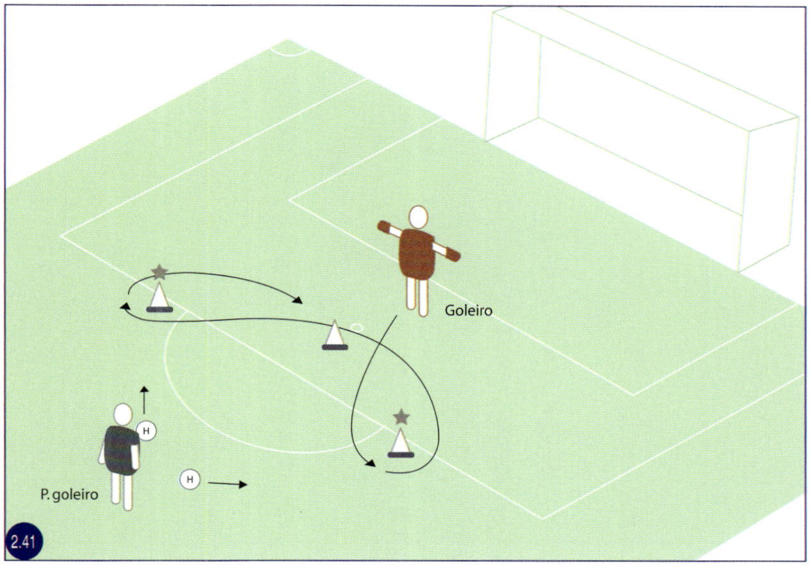

4 – *Goleiro*: ao comando do preparador de goleiros, deve saltar os quatro cones posicionados à sua frente para que, ao término do quarto salto, realize a defesa *pegada* e volte ao primeiro cone de costas, uma vez pela direita e outra pela esquerda.

Preparador de goleiros: deve jogar a bola assim que o goleiro se posicionar à frente do quarto cone.

Duração: seis repetições (Figura 2.42).

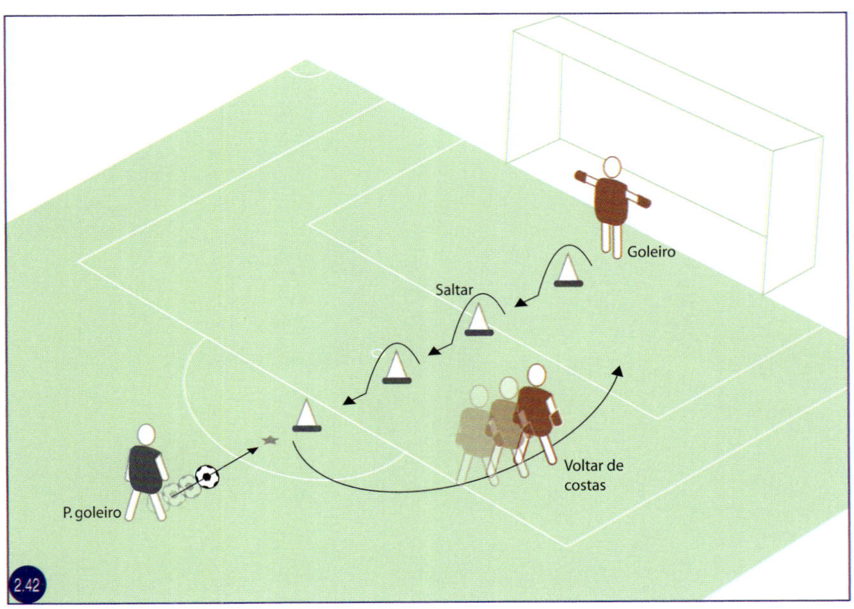

5 – *Goleiro*: de costas para o preparador de goleiros e ao comando dele, deve saltar girando seu corpo para que fique de frente; em seguida, deve realizar a defesa *pegada*.

Preparador de goleiros: deve dar o comando para que o goleiro vire de frente; em seguida, deve jogar ou chutar a bola para que o goleiro realize a *pegada*.

Duração: dez repetições (Figura 2.43).

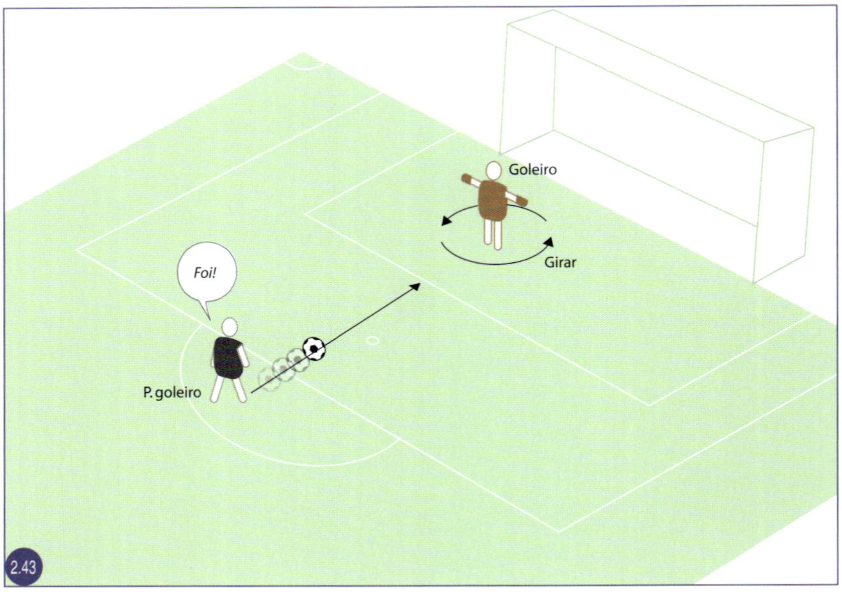

Encaixe – Defesa frontal de bolas a meia-altura

O movimento de encaixe é utilizado quando a bola vem numa trajetória baixa (altura do abdômen).

- No movimento de encaixe, o goleiro inclina o corpo para frente.
- As pernas são flexionadas num movimento anteroposterior.
- Os braços ficam paralelos um ao outro, semiflexionados.
- As palmas das mãos ficam voltadas para frente com os dedos apontados para o solo (Figura 2.44).

- No momento da entrada da bola, o goleiro deverá flexionar os braços, impedindo que a bola saia de seu domínio (Figura 2.45).
- O movimento se completa quando há o contato da bola junto do peito, do braço, do antebraço e das mãos (Figura 2.46).

Partindo da posição de expectativa, o goleiro deverá utilizar deslocamentos caso seja necessário, procurando estar sempre atrás da trajetória da bola, facilitando a técnica e impedindo que a bola entre no gol, já que, caso escape de suas mãos, baterá em partes do corpo. Vale lembrar que, diferentemente do deslocamento do fundamento de pegada, aqui o centro de gravidade do goleiro deverá estar mais baixo durante o deslocamento, fato que ocorre em razão de a trajetória da bola ser mais baixa (Figura 2.47 a 2.50).

2.45

2.46

2.47

2.48

2.49

2.50

- As pontas dos pés apontadas diagonalmente para o lado de ataque.
- Quando a trajetória da bola for para o lado direito, o ataque deve ser feito com a perna direita na frente (Figura 2.51).
- Quando for para a esquerda, o ataque deve ser feito com a perna esquerda à frente (Figura 2.52).

2.51

2.52

Possíveis erros na execução

- Cotovelos abertos (Figura 2.53).
- Cruzar as mãos ao final do movimento (Figura 2.54).
- Recuar a perna de trás em vez de atacar com a da frente (Figura 2.55).
- Não flexionar os joelhos e não abaixar o quadril (Figura 2.56).

2.53

2.54

2.55

2.56

Exercícios indicados

Materiais utilizados: quatro bolas; oito cones; escada de coordenação ou bastões.

1 – *Goleiro*: de joelhos e ao comando do preparador de goleiros, deve realizar a defesa *encaixe* utilizando somente os braços.

Preparador de goleiros: deve jogar ou chutar a bola na altura do abdômen do goleiro.

Duração: seis repetições (Figura 2.57).

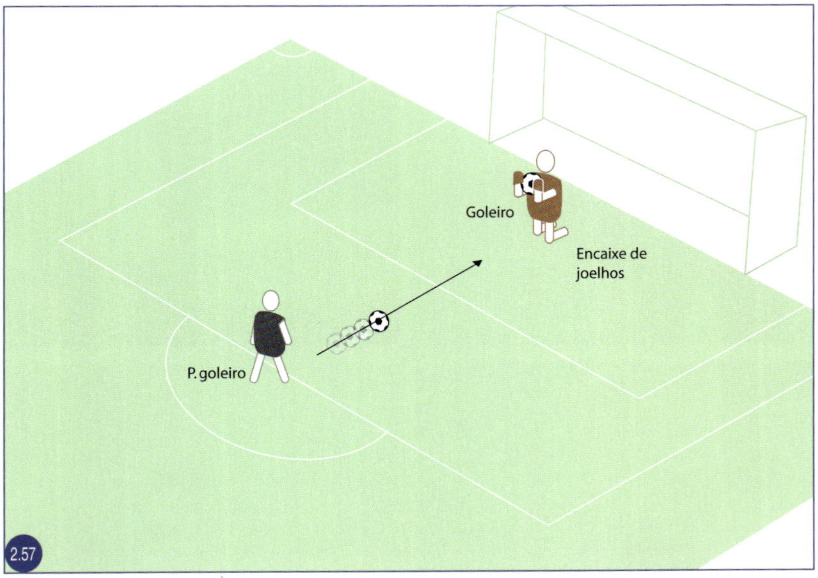

2.57

2 – *Goleiro*: de joelhos e ao comando do preparador de goleiros, deve colocar uma de suas pernas flexionadas à frente e, em seguida, realizar a defesa *encaixe*, alternando as pernas a cada repetição.

Preparador de goleiros: deve jogar ou chutar a bola na altura do abdômen do goleiro.

Duração: doze repetições, sendo seis com a perna direita à frente e seis com a esquerda (Figura 2.58).

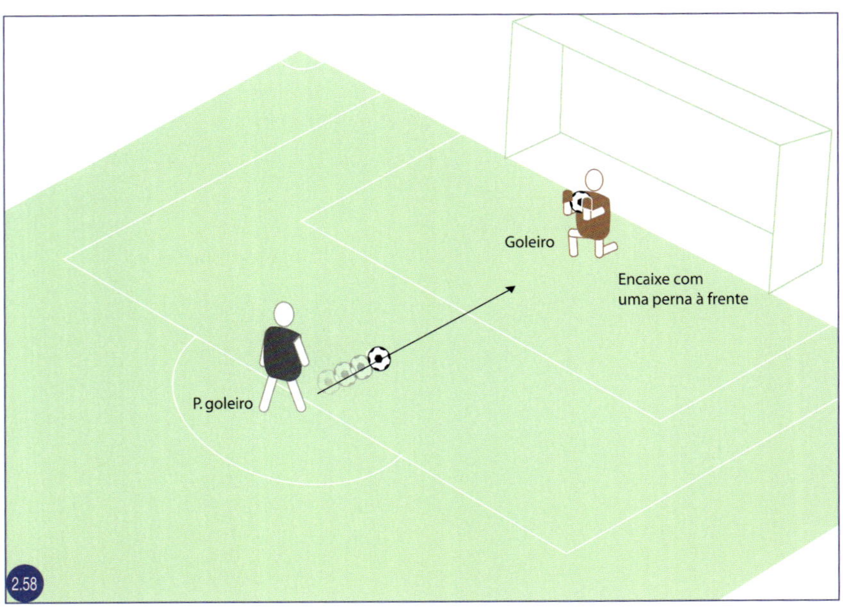

2.58

3 – *Goleiro*: em pé e ao comando do preparador de goleiros, deve realizar a defesa *encaixe*.

Preparador de goleiros: deve jogar ou chutar a bola na altura do abdômen do goleiro, corrigindo seus movimentos sempre que ocorrer um erro de execução.

Duração: quatro a seis repetições (Figura 2.59).

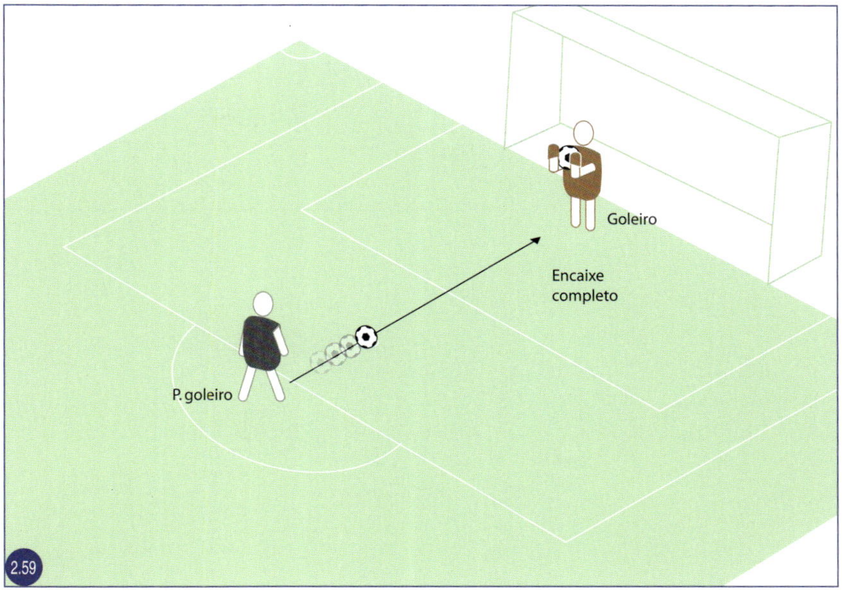

2.59

4 – *Goleiro*: ao comando do preparador de goleiros, deve realizar três saltos curtos em cada parte da escada ou do bastão e, ao término da sequência, realizar a defesa encaixe; depois, deverá realizar o mesmo procedimento para o lado oposto, trabalhando, assim, as duas pernas no movimento de defesa.

Preparador de goleiros: deve jogar ou chutar a bola na altura do abdômen cada vez que o goleiro terminar a série de saltos.

Duração: quatro repetições, sendo duas defesas para cada lado (Figura 2.60).

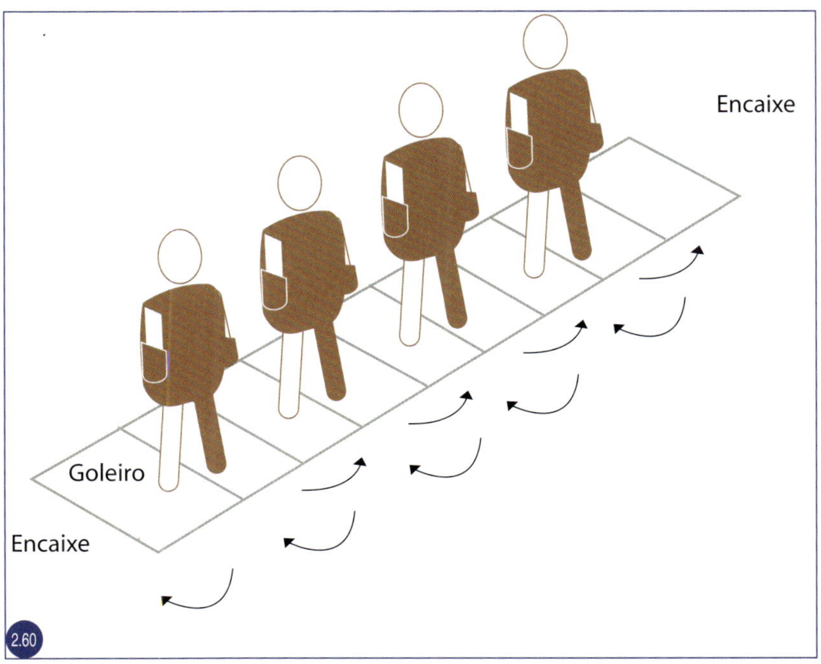

2.60

5 – *Goleiro*: ao comando do preparador de goleiros, deverá correr em direção aos cones posicionados à sua esquerda e realizar a defesa *encaixe* com a perna esquerda à frente do primeiro cone, devolver a bola, realizar um deslocamento para trás de costas e ir para a frente do segundo cone, onde realizará a defesa novamente; fazer isso até o último cone e, assim que terminar, voltar ao centro do gol e partir em direção aos cones da direita, realizando os mesmos procedimentos, agora, porém, com a perna direita à frente.

Preparador de goleiros: deve jogar ou chutar a bola na altura do abdômen cada vez que o goleiro posicionar a perna à frente do cone.

Duração: duas séries, cada uma com oito defesas, quatro para cada lado (Figura 2.61).

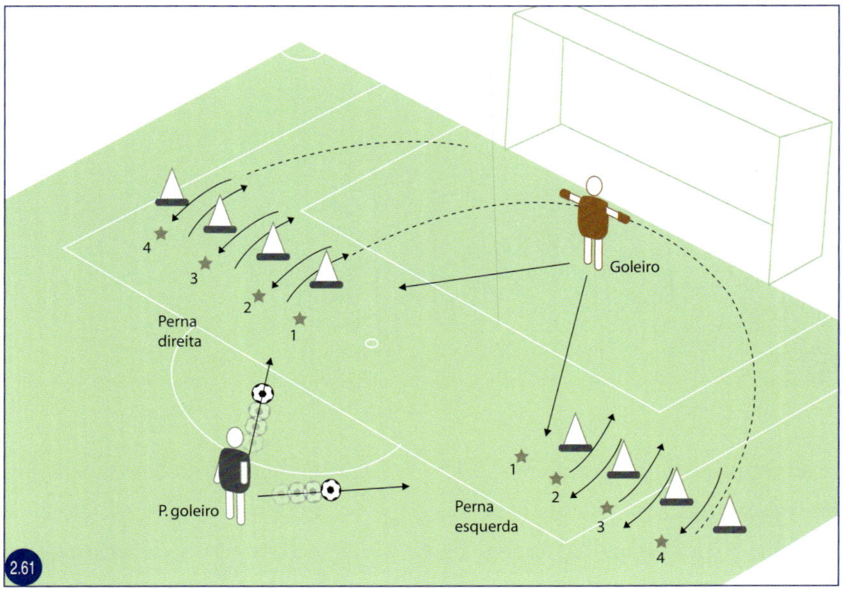

2.61

Entrada – Defesa frontal de bolas rasteiras

O fundamento de entrada é similar ao de encaixe, porém, nesse caso, a trajetória da bola é rente ao solo.

- O tronco é inclinado à frente.
- No movimento de entrada, o goleiro deve flexionar os joelhos, atacando a bola com uma das pernas à frente, num movimento anteroposterior.
- As mãos vão de encontro ao solo com as palmas voltadas para frente e os dedos apontados para baixo (Figura 2.62).
- Os braços devem servir de rampa para que a bola suba em direção ao peito, estando eles do lado interno da perna da frente.
- O joelho da perna que estiver à frente não pode passar da linha da ponta do pé, e o de trás deve estar rente ao solo.
- As pontas dos pés devem estar apontadas diagonalmente para o lado de ataque (Figura 2.63).
- Após a entrada da bola, o goleiro deverá flexionar os braços, impedindo que ela saia de seu controle.
- O movimento se completa quando há o contato da bola junto do peito, do braço, do antebraço e das mãos (Figura 2.64).
- Partindo da posição de expectativa, o goleiro deverá utilizar deslocamentos caso seja necessário, procurando estar sempre atrás da trajetória da bola, facilitando a técnica e impedindo que a bola entre no gol, já que, caso escape de suas mãos, baterá em partes do corpo. Vale lembrar que, diferentemente do deslocamento dos

fundamentos de pegada e encaixe, aqui o centro de gravidade do goleiro deverá estar mais baixo durante o deslocamento, fato que ocorre em razão de a trajetória da bola ser rente ao solo (Figura 2.65 a 2.67).

- Quando a trajetória da bola for para o lado direito, o ataque deve ser feito com a perna direita à frente (Figura 2.68).
- Quando for para a esquerda, o ataque deve ser feito com a perna esquerda à frente (Figura 2.69).

2.62

2.63

2.64

2.65

2.66

2.67

2.68

2.69

Possíveis erros na execução

- Parar a bola com as mãos para depois pegá-la (Figura 2.70).
- Deixar os braços ou muito abertos ou separados pela perna de ataque (Figura 2.71).
- Cruzar uma mão sobre a outra (Figura 2.72).
- Não abaixar o quadril e não flexionar os joelhos (Figura 2.73).

Esse tipo de erro é muito comum, e um é influenciado pelo outro, ou seja, abaixando o quadril, flexionam-se os joelhos, e flexionando os joelhos, abaixa-se o quadril.

2.70

2.71

2.72

2.73

Exercícios indicados

Materiais utilizados: seis bolas; escada de coordenação ou bastões.

1 – *Goleiro*: de joelhos, realizar a defesa *entrada* utilizando somente os membros superiores e o tronco.

Preparador de goleiros: deve jogar ou chutar a bola rasteira para que o goleiro execute a defesa.

Duração: dez repetições (Figura 2.74).

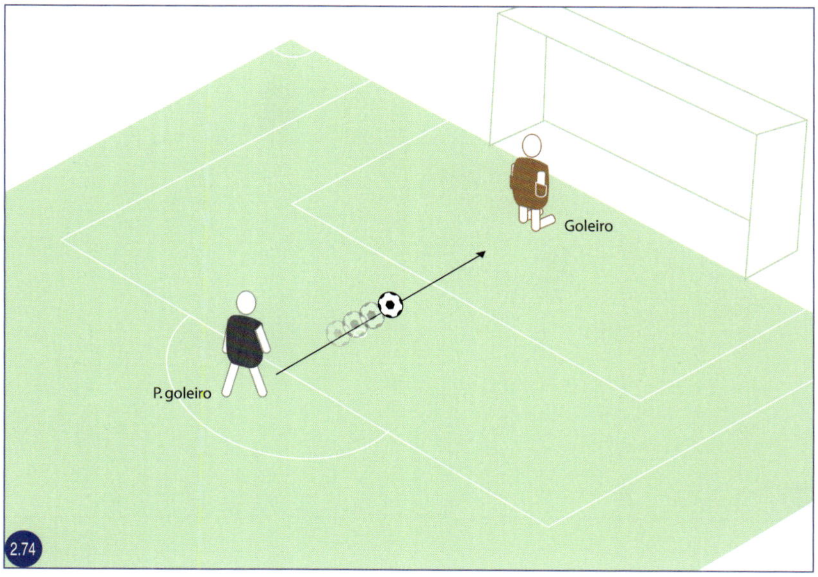

2.74

2 – *Goleiro*: com um joelho no solo e uma das pernas flexionadas à frente, realizar a defesa *entrada* utilizando os membros superiores e o tronco.

Preparador de goleiros: deve jogar ou chutar a bola rasteira para que o goleiro execute a defesa.

Duração: doze repetições, sendo seis com a perna direita à frente e seis com a esquerda (Figura 2.75).

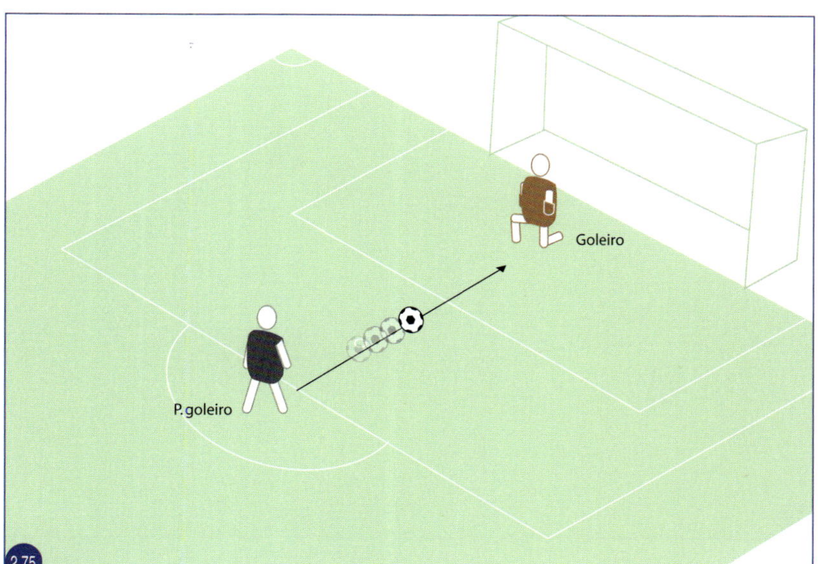

2.75

3 – *Goleiro*: em pé, realizar o movimento de defesa *entrada* por completo.

Preparador de goleiros: deve jogar ou chutar a bola rasteira para que o goleiro execute a defesa.

Duração: dez repetições, sendo cinco com a perna direita à frente e cinco com a esquerda à frente (Figura 2.76).

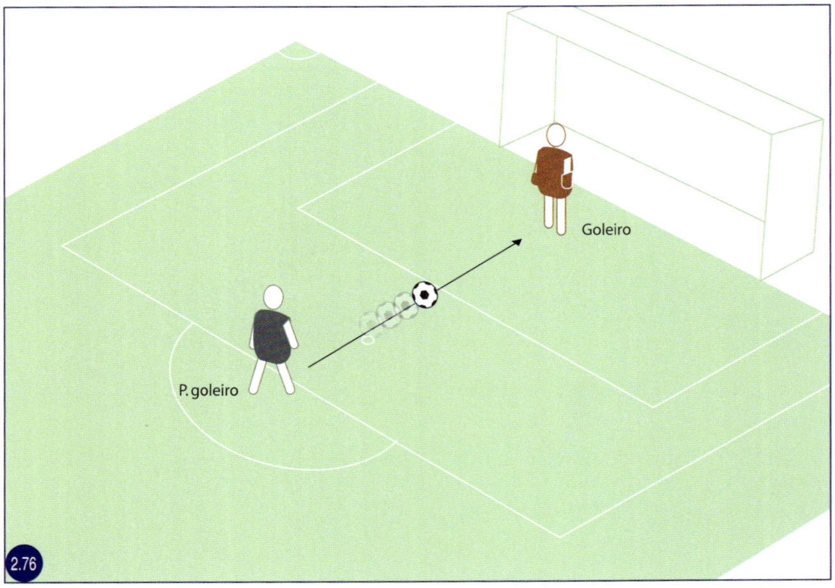

4 – *Goleiro*: ao comando do preparador de goleiros, deve correr por sobre a escada elevando os joelhos até a linha da cintura e, ao final, posicionar-se para a execução da defesa *entrada*; alternar a perna que ataca a bola a cada repetição.

Preparador de goleiros: deve jogar ou chutar a bola rasteira toda vez que o goleiro estiver posicionado à frente da escada.

Duração: oito repetições (Figura 2.77).

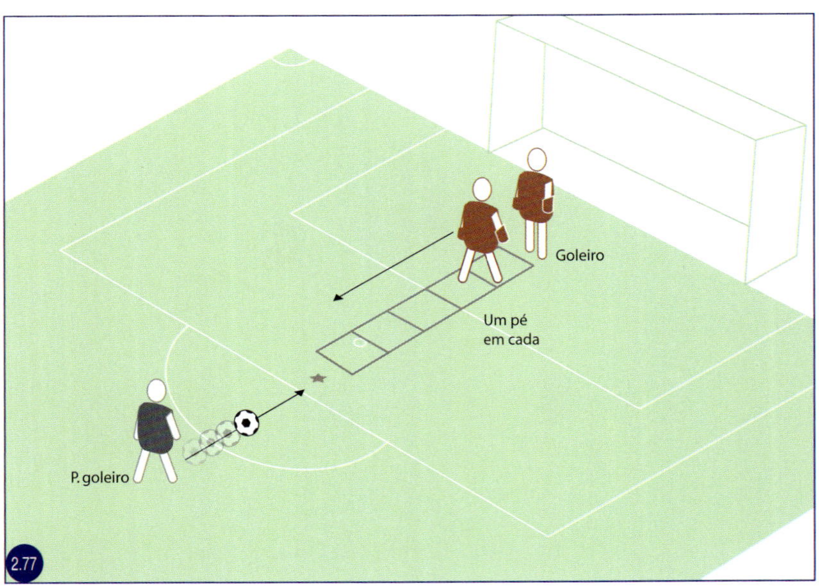

5 – *Goleiro*: posicionado no centro do gol e de costas para o campo, deve girar a 180º ao comando do preparador de goleiros e, em seguida, realizar o movimento de defesa *entrada*.

Preparador de goleiros: deve jogar ou chutar a bola rasteira toda vez que o goleiro estiver de frente para o campo.

Duração: oito repetições (Figura 2.78).

2.78

DEFESA FRONTAL DE BOLAS RASTEIRAS COM QUEDA À FRENTE (ENTRADA COM CAMA)

A cama é utilizada em bolas mais fortes pela segurança que o movimento proporciona, e a única diferença em relação ao fundamento de entrada é que o movimento termina fazendo a queda para frente. Alguns preparadores de goleiros chamam esse movimento de *entrada com cama* ou somente *cama* (Figura 2.79).

2.79

- Num movimento anteroposterior de pernas, o goleiro fará o fundamento de entrada (Figura 2.79).
- As mãos vão de encontro ao solo com as palmas voltadas para frente e os dedos apontados para baixo (Figura 2.79).
- Os braços devem servir de rampa para que a bola suba em direção ao peito, estando ele do lado interno da perna da frente (Figura 2.79).
- Após a entrada da bola, o goleiro deverá flexionar os braços impedindo que ela saia de seu controle (Figura 2.80).
- Em seguida, deverá inclinar-se para frente, fazendo seus antebraços tocarem o solo lentamente (Figura 2.81).
- Logo após, o joelho anterior é que toca o solo, também lentamente (Figura 2.82).
- O movimento se completa no momento em que os dois joelhos se aproximam dos cotovelos, encolhendo o corpo com a bola em seu domínio (braço, antebraço, mãos e cabeça próxima ao solo) (Figura 2.83).

2.80

2.81

2.82

2.83

POSSÍVEIS ERROS NA EXECUÇÃO

- Projetar o corpo à frente antes de executar a entrada (Figura 2.84).
- Ajoelhar para realizar a defesa (Figura 2.85).
- Realizar o movimento com as pernas afastadas, não conseguindo flexionar quadril e joelhos (Figura 2.86).
- Jogar a perna da frente para trás em vez de continuar o movimento com o joelho anterior, indo ao solo lentamente (Figura 2.87).

2.84

2.85

2.86

2.87

Exercícios indicados

Materiais utilizados: quatro bolas, duas estacas, corda elástica, três cones.

1 – *Goleiro*: de joelhos, realizar a defesa *entrada com cama* utilizando somente os membros superiores e o tronco.

Preparador de goleiros: deve jogar ou chutar a bola rasteira para que o goleiro execute a defesa.

Duração: dez repetições (Figura 2.88).

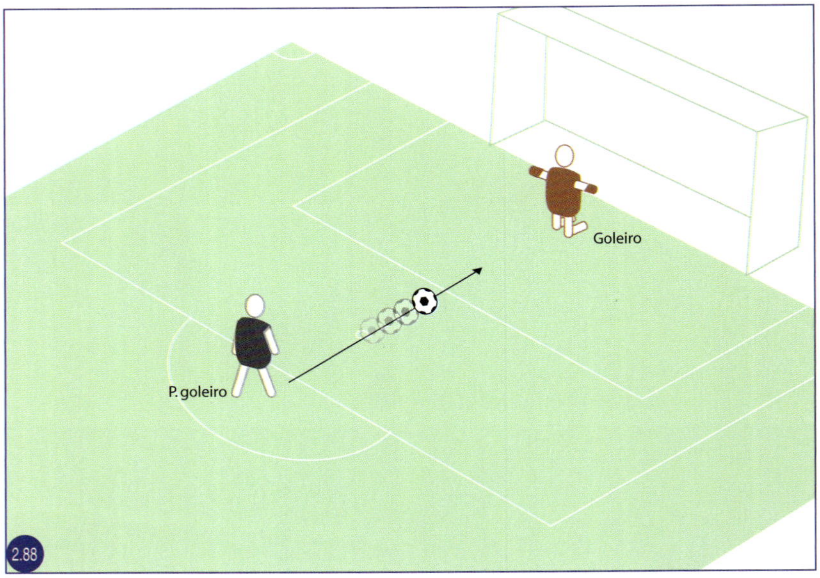

2.88

2 – *Goleiro*: com um joelho no solo e uma das pernas flexionadas à frente, realizar a defesa *entrada com cama*.

Preparador de goleiros: deve jogar ou chutar a bola rasteira para que o goleiro execute a defesa.

Duração: doze repetições, sendo seis com a perna direita à frente e seis com a perna esquerda à frente (Figura 2.89).

2.89

3 – *Goleiro*: em pé, realizar o movimento de defesa *entrada com cama* por completo.

Preparador de goleiros: deve jogar ou chutar a bola rasteira para que o goleiro execute a defesa.

Duração: dez repetições, sendo cinco com a perna direita à frente e cinco com a perna esquerda à frente (Figura 2.90).

2.90

4 – *Goleiro*: ao comando do preparador de goleiros, realizar deslocamentos laterais "zigue-zague" entre os cones e, ao final do último cone, posicionar-se à frente para executar a defesa *entrada com cama*, alternando a perna que ataca a bola a cada repetição.

Preparador de goleiros: deve jogar ou chutar a bola rasteira toda vez que o goleiro posicionar-se à frente do terceiro cone.

Duração: oito repetições (Figura 2.91).

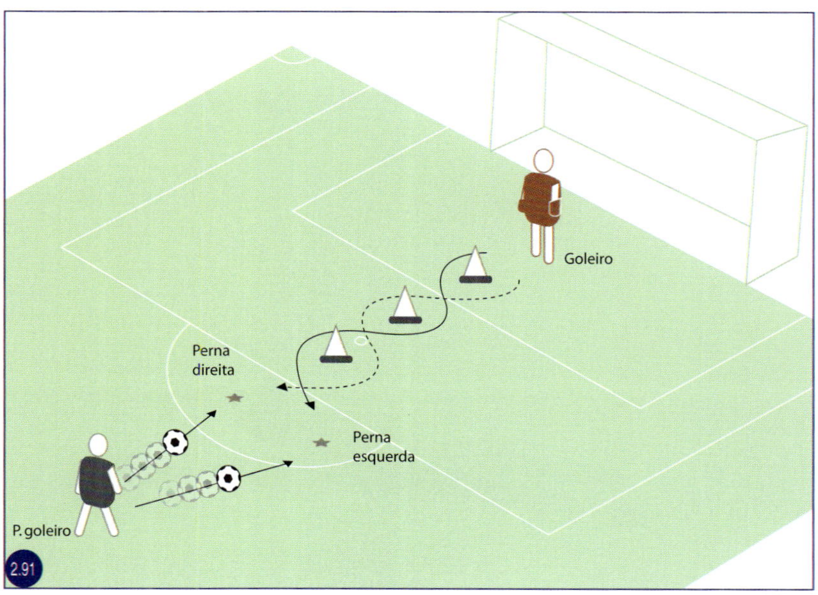

2.91

5 – *Goleiro*: ao comando do preparador de goleiros, realizar um salto lateral por sobre a corda e, logo que tocar com os pés no solo, realizar a defesa *entrada com cama*; na sequência, deve devolver a bola e saltar para o lado oposto, realizando o mesmo procedimento.

Preparador de goleiros: deve chutar ou jogar a bola toda vez que o goleiro tocar os pés no solo.

Duração: oito repetições, sendo quatro para cada lado (Figura 2.92).

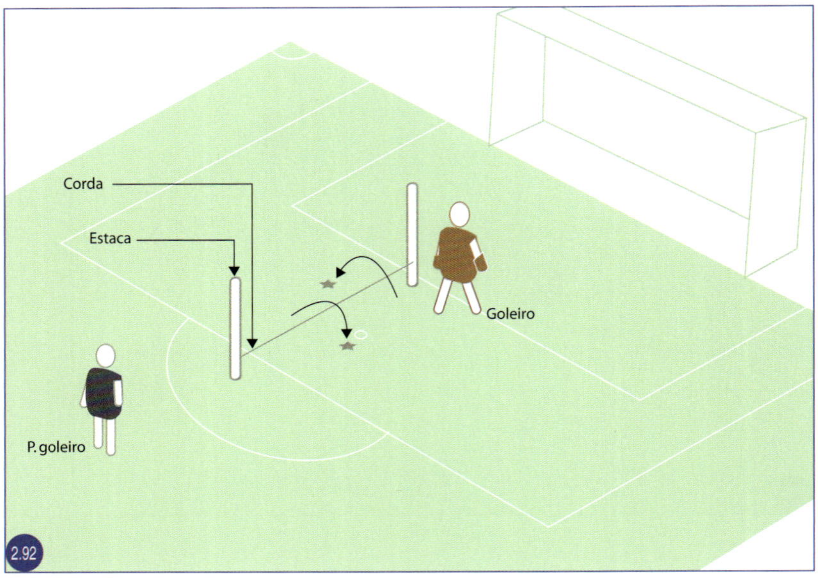

2.92

Defesas laterais de bolas rasteiras (queda rasteira)

O movimento de defesa lateral rasteira muitas vezes também é chamado de queda rasteira. Esse movimento é realizado em bolas rentes ao solo que saem da trajetória do goleiro, impedindo que ele execute os fundamentos vistos, como entrada e entrada com cama. Sendo assim, o goleiro deverá utilizar um salto rasante para poder alcançar a bola, impedindo sua passagem. No movimento de defesa, o goleiro deve cair lateralmente no chão, tocando a lateral da perna, da coxa, do tronco, do ombro, do braço e do antebraço (Figura 2.93).

2.93

- Partindo da posição de expectativa e dependendo da trajetória da bola, o goleiro utilizará ou não deslocamentos para aproximação da bola.
- Deverá impulsionar somente com uma perna, sendo sempre a perna direita quando a trajetória da bola for para a direita e a perna esquerda quando a trajetória da bola for para a esquerda.
- A perna de impulsão deve continuar semiestendida até o final do movimento.
- A perna que fica por cima é flexionada atrás para dar equilíbrio ao movimento do corpo.
- O movimento das mãos na bola é o mesmo que o da pegada, mudando apenas o ângulo em que toca a bola, ou seja, com uma das mãos atrás da bola para impedir sua passagem e a outra por cima da bola para amortecê-la.
- Ao realizar a defesa, deverá recolher os braços em direção ao corpo, para que se evitem choques com adversários (Figura 2.94).
- Caso decida espalmar a bola em vez de segurá-la, deverá deixar as mãos firmes direcionando-a para a linha de fundo ou a lateral mais próxima (Figura 2.95).
- A defesa poderá ser feita com uma só mão para bolas estendidas, mas é comum os preparadores de goleiros orientarem para que eles usem as duas mãos em virtude das condições ruins do campo, o que facilita a mudança de direção da bola (Figura 2.96).
- Impulsionar atacando a bola diagonalmente à frente, facilitando sua técnica e aumentando suas chances de defender a bola, já que o raio de ação em relação ao gol e a trajetória da bola são menores (Figura 2.97).

2.94

2.95

2.96

2.97

POSSÍVEIS ERROS NA EXECUÇÃO

- Apenas cair em direção à bola (Figura 2.98).
- Não impulsionar com a perna correta (Figura 2.99).
- Saltar em diagonal para trás, o que aumenta o ângulo de direção da bola em relação ao gol (Figura 2.100).
- Deixar que a bola passe, saltando atrasado em direção a ela ou errando o movimento de pegada no momento da defesa – mão sobre a bola (Figura 2.101).

2.98

2.99

2.100

2.101

Exercícios indicados

Materiais utilizados: oito cones e seis bolas.

1 – *Goleiro*: de joelhos e ao comando do preparador de goleiros, deverá cair lateralmente com as mãos indo de encontro à bola, que deve estar ao seu lado direito, realizando assim a *defesa lateral rasteira* parcialmente; em seguida, realizar os mesmos procedimentos para o lado oposto.

Preparador de goleiros: posicionar duas bolas, uma ao lado esquerdo do goleiro e outra ao lado direito.

Duração: duas séries, cada uma com dez repetições, cinco para cada lado (Figura 2.102).

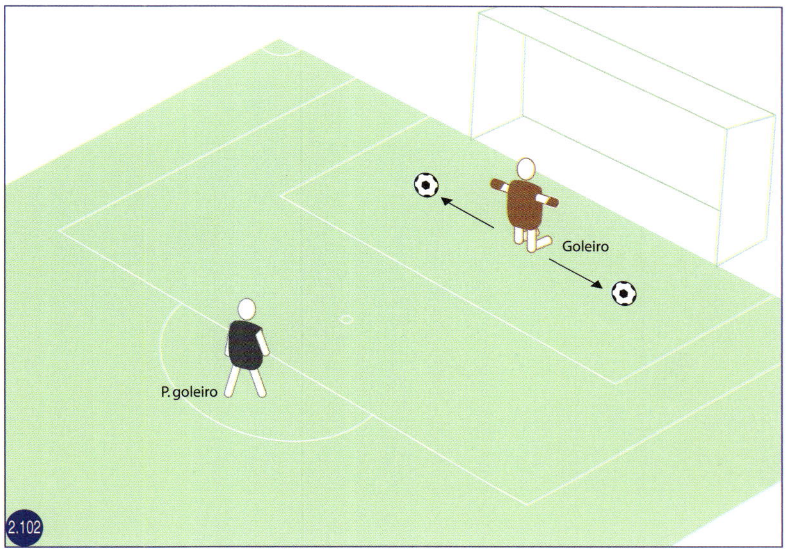

2 – *Goleiro*: de joelhos e ao comando do preparador de goleiros, deverá colocar uma de suas pernas flexionada à frente e, em seguida, deverá impulsionar caindo lateralmente em direção à bola; repetir o movimento com a perna oposta.

Preparador de goleiros: deve jogar ou chutar a bola toda vez que o goleiro posicionar uma perna à frente.

Duração: duas séries, cada uma com dez repetições, cinco para cada lado (Figura 2.103).

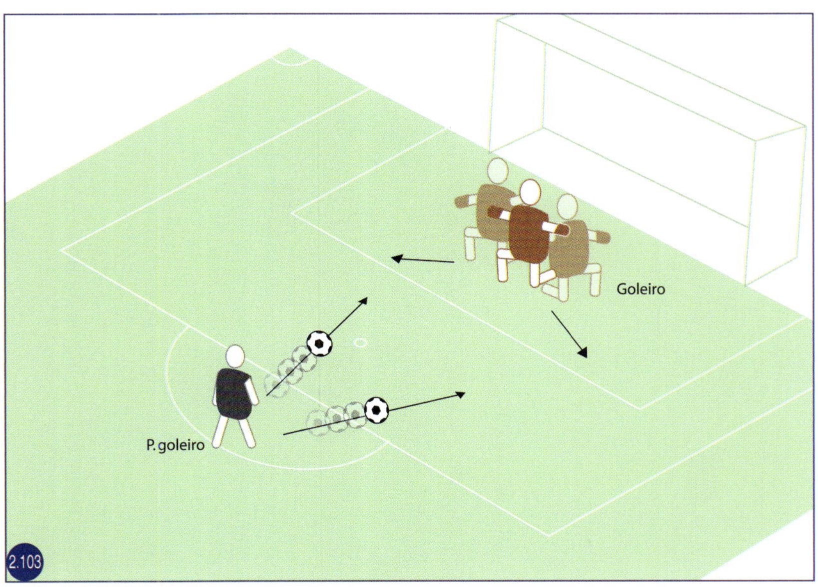

3 – *Goleiro*: em pé e ao comando do preparador de goleiros, deve deslocar-se e saltar lateralmente as duas fileiras de cones e, ao final do segundo salto, realizar a *defesa lateral rasteira*, devolver a bola e realizar o mesmo procedimento para o lado oposto.

Preparador de goleiros: deve jogar ou chutar a bola toda vez em que os pés do goleiro tocar o solo ao término do segundo salto.

Duração: duas séries, cada uma com quatro repetições, ou seja, duas defesas para cada lado (Figura 2.104).

2.104

4 – *Goleiro*: ao comando do preparador de goleiros, deverá correr à frente do cone posicionado à sua esquerda, contornando uma vez e correndo diagonalmente à frente do cone oposto, onde irá realizar a *defesa lateral rasteira*; devolver a bola e realizar o mesmo procedimento para o lado direito.

Preparador de goleiros: deve jogar ou chutar a bola toda vez que o goleiro estiver à frente do cone oposto ao cone de início.

Duração: duas séries, cada uma com quatro repetições, ou seja, duas para cada lado (Figura 2.105).

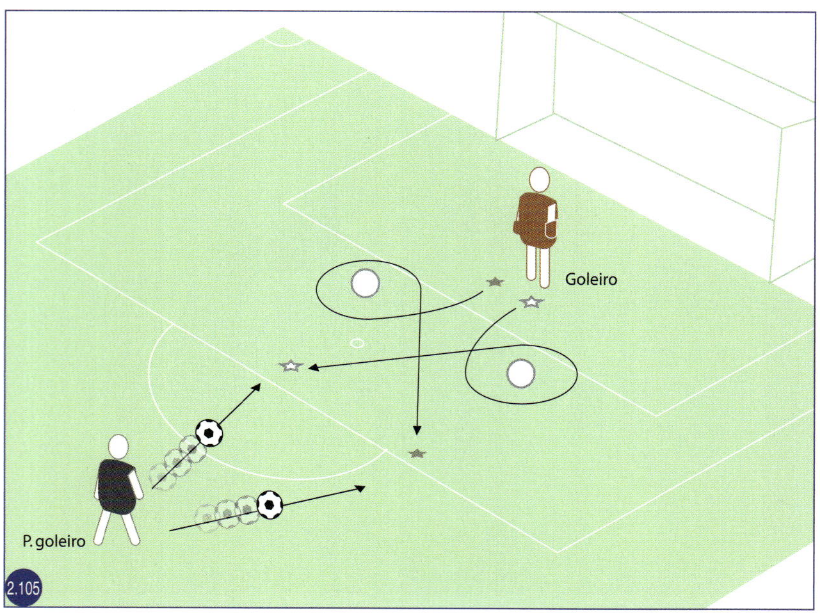

2.105

5 – *Goleiro*: ao comando do preparador de goleiros, deve correr em direção ao primeiro cone e realizar o deslocamento "zigue-zague" até o final do segundo cone, onde deve deslocar-se lateralmente e realizar a *defesa lateral rasteira*, devolver a bola e retornar correndo de costas até o primeiro cone; realizar o mesmo procedimento para o lado oposto (Figura 2.106.)

Observação: toda vez que for realizar a defesa para a esquerda, deverá entrar pelo lado esquerdo do cone, e toda vez que for realizar a defesa para a direita, deverá entrar pelo lado direito.

Preparador de goleiros: deve jogar ou chutar a bola toda vez que o goleiro estiver se deslocando à frente do segundo cone.

Duração: duas séries, cada uma com quatro repetições, ou seja, duas para cada lado.

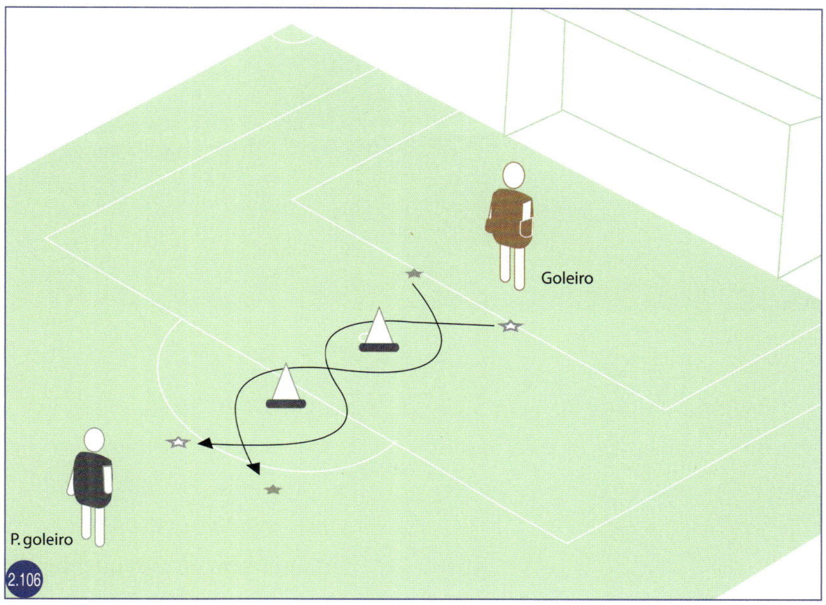

Defesas laterais de bolas altas (quedas altas)

Quando a bola sai da trajetória do goleiro, impossibilitando-o de utilizar as técnicas descritas, como encaixe e pegada, o goleiro deverá realizar um salto em direção à bola, podendo ser numa altura média ou alta, fazendo o que chamamos de *defesa lateral de bolas altas* ou *queda alta* (Figura 2.107).

- Partindo da posição de expectativa e dependendo da trajetória da bola, o goleiro poderá utilizar deslocamentos para a aproximação da bola.
- Deverá saltar em direção à bola, impulsionando somente com uma perna (Figura 2.108).

2.108

- Sempre que a trajetória da bola for para a esquerda, a perna que impulsionará o goleiro será à esquerda; quando for para a direita, será a perna direita.
- No momento aéreo, o goleiro deverá estender braços e perna de impulsão para que consiga chegar à bola com precisão.
- A perna de cima deverá estar flexionada, para dar equilíbrio ao movimento (Figura 2.109).

2.109

- O ápice do movimento é o momento em que o goleiro toca a bola (Figura 2.110).
- Caso decida espalmar a bola em vez de segurá-la, deverá deixar as mãos firmes, direcionando a bola para a linha de fundo ou a lateral mais próxima; para isso, pode-se utilizar uma ou as duas mãos (Figura 2.110).
- Com a bola, o goleiro deverá apoiá-la contra o solo para amortecer a queda (Figura 2.111).
- Sem a bola, o goleiro deverá amortecer a queda com ambas as mãos (Figura 2.112).
- Com ou sem bola, após amortecer o impacto ocasionado pela queda, o goleiro deverá deixar que seu corpo deslize com as laterais do tronco e dos membros (Figura 2.113 a 2.115).

2.110

2.111

2.112

2.113

2.114

2.115

Possíveis erros na execução

- Não olhar para a bola no momento aéreo (Figura 2.116).
- Saltar mais que o necessário (acima da altura da bola) (Figura 2.117).
- Arrastar o pé no solo, não conseguindo impulsionar (Figura 2.118).
- Não cair amortecendo o impacto (Figura 2.119).

2.116

2.117

2.118

2.119

Exercícios indicados

Materiais utilizados: dez cones e oito bolas.

1 – *Goleiro*: de joelhos e ao comando do preparador de goleiros, deverá realizar a *defesa lateral alta* utilizando somente os membros superiores e o tronco.

Preparador de goleiros: deve jogar ou chutar a bola para o goleiro.

Duração: dez repetições, sendo cinco para cada lado (Figura 2.120).

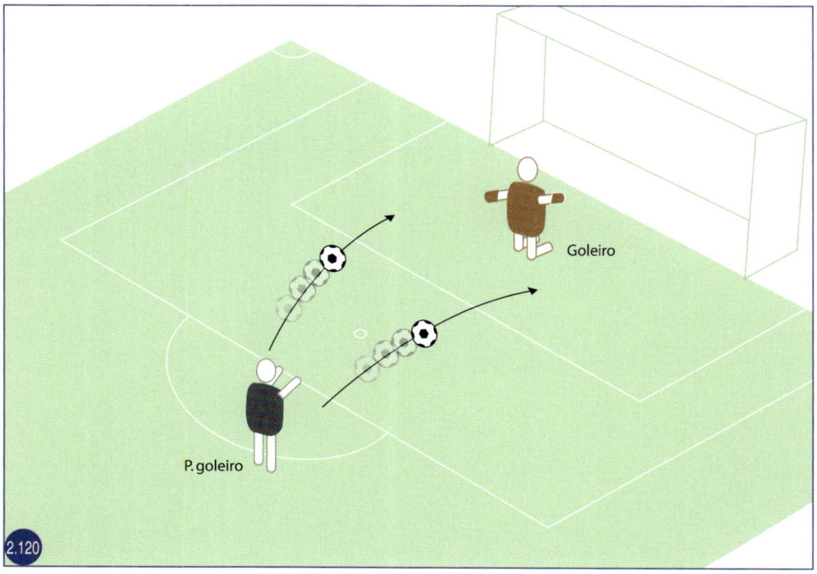

2 – *Goleiro*: com um joelho ao solo e uma perna flexionada à frente, deve, ao comando do preparador de goleiros, saltar na direção da bola.

Preparador de goleiros: jogar ou chutar a bola para o goleiro.

Duração: dez repetições, sendo cinco para cada lado (Figura 2.121).

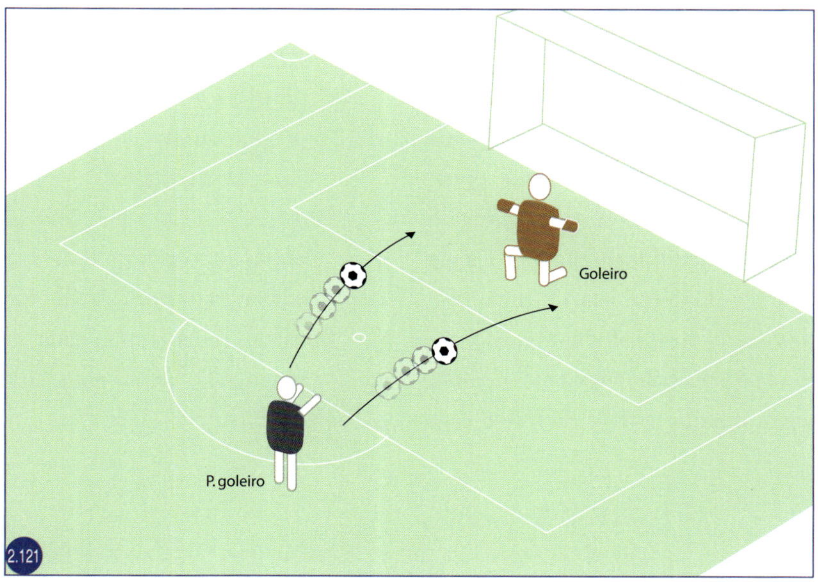

3 – *Goleiro*: ao comando do preparador de goleiros, deverá correr até o primeiro cone da direita e tocar com a mão direita o ápice do cone, sem derrubá-lo; em seguida, correr diagonalmente à frente e realizar a *defesa lateral alta*, devolver a bola e correr até o segundo cone. Fazer isso até que se acabem os cones da direita para que, depois, possa repetir os mesmos procedimentos para o lado oposto.

Preparador de goleiros: deve jogar ou chutar a bola toda vez que o goleiro estiver correndo diagonalmente à frente.

Duração: duas séries, cada uma com oito repetições, quatro para cada lado (Figura 2.122).

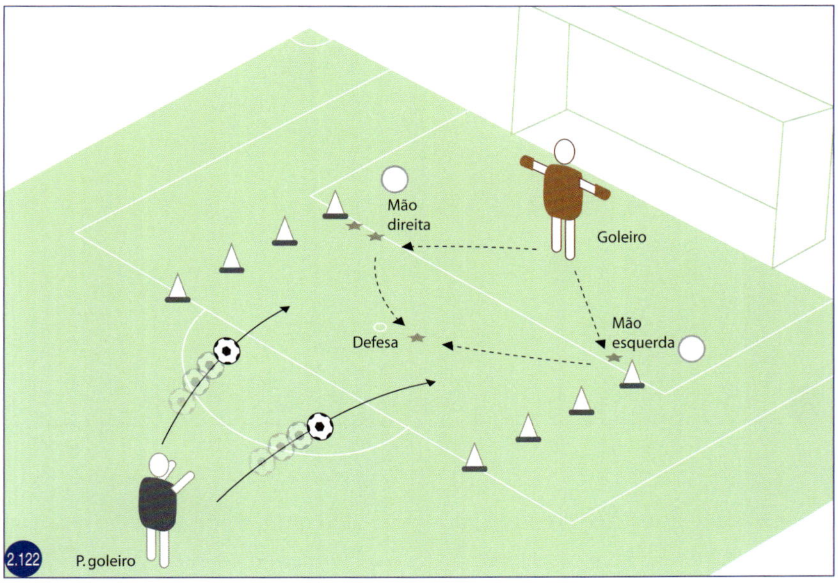

4 – *Goleiro*: ao comando do preparador de goleiros, deve correr até o lado esquerdo dos cones posicionados à sua frente, saltando-os lateralmente por cima e para a direita, onde, em seguida, correrá até o cone posicionado também à sua direita, tocando com a mão direita o ápice do cone sem derrubá-lo e, depois, correndo diagonalmente para a esquerda, onde irá realizar a *defesa lateral alta* no momento em que estiver de frente com o preparador de goleiros; em seguida, deve devolver a bola e voltar ao início, para que possa realizar os mesmos procedimentos para o lado oposto.

Preparador de goleiros: deve jogar ou chutar a bola para o goleiro toda vez que ele estiver correndo diagonalmente à sua frente.

Duração: duas séries, cada uma com quatro repetições, duas para cada lado (Figura 2.123).

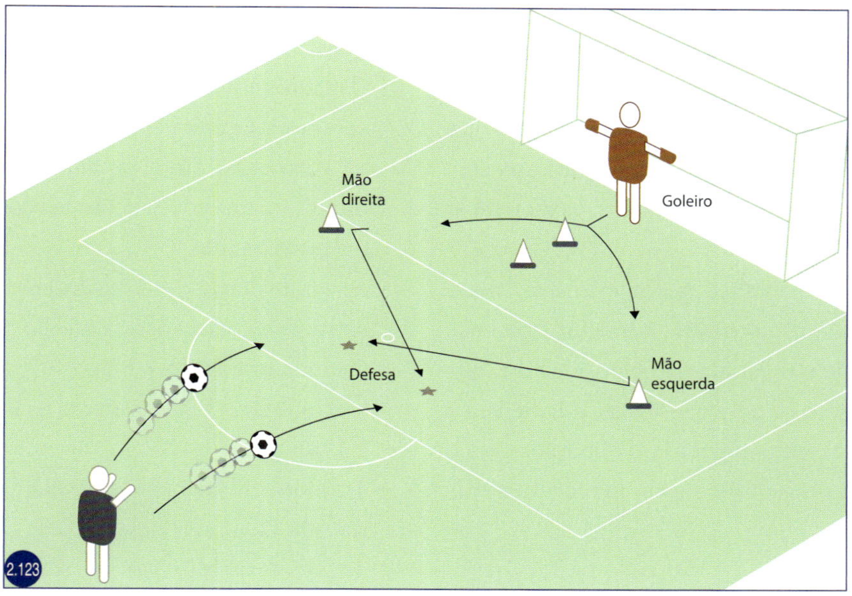

2.123

5 – *Goleiro*: ao comando do preparador de goleiros, deve correr até o cone posicionado à sua direita, tocando-o no ápice sem derrubá-lo; em seguida, deve correr até a fileira de cones posicionados à sua esquerda e, ao aproximar-se, deve realizar a *defesa lateral alta* por sobre os cones; ao término da defesa, deve devolver a bola e retornar ao início, onde realizará os mesmos procedimentos para o lado oposto.

Preparador de goleiros: deve jogar ou chutar a bola toda vez que o goleiro se aproximar da fileira de cones.

Duração: duas séries, cada uma com quatro repetições, duas para cada lado (Figura 2.124).

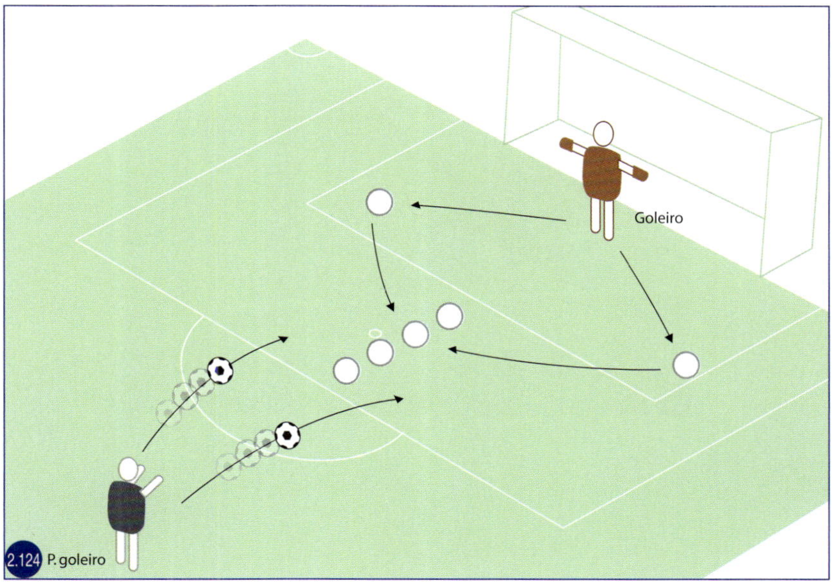

2.124

Defesa pelo alto de mão trocada

Quando a trajetória ou a velocidade da bola dificulta o fundamento de defesa lateral de bolas altas, utiliza-se o fundamento de mão trocada com a intenção de direcionar a bola por cima ou para as laterais do gol.

Mão trocada significa que a mão que toca a bola é sempre a mão contrária à trajetória da bola, ou seja, quando a trajetória da bola for para o lado direito do goleiro, a mão que tocará a bola será a esquerda, e quando a trajetória da bola for para o lado esquerdo do goleiro, a mão que tocará a bola será a direita.

- Partindo da posição de expectativa e dependendo da trajetória da bola, o goleiro poderá utilizar deslocamentos para aproximação (Figura 2.125).
- O salto é realizado impulsionando somente com uma perna, dependendo do lado em que for a trajetória da bola: lado direito, perna de impulsão direita, e lado esquerdo, perna de impulsão esquerda.
- Ao impulsionar, o goleiro deverá estender o braço contrário à trajetória da bola.
- Quando estendido, o braço deverá direcionar a bola por cima do gol ou para as laterais (Figura 2.126).
- Trajetória da bola para a direita do goleiro, mão trocada esquerda (Figura 2.126).
- Trajetória da bola para a esquerda do goleiro, mão trocada direita (Figura 2.127).

2.125

2.126

2.127

- Para que se evitem possíveis lesões, deve-se direcionar o tronco ainda no alto para o solo, amortecendo o impacto ocasionado pela queda com ambas as mãos e, na sequência, deslizar o corpo com a parte lateral do tronco e dos membros (Figuras 2.128 e 2.129).

POSSÍVEIS ERROS NA EXECUÇÃO

- Não direcionar a bola por cima ou para as laterais do gol (Figura 2.130).
- Impulsionar com a perna errada (Figura 2.131).
- Utilizar a mão errada (Figura 2.132).
- Utilizar a mão errada, rotacionando o corpo para o lado oposto no momento da fase aérea (Figura 2.133).

2.128

2.129

2.130

2.131

2.132

2.133

EXERCÍCIOS INDICADOS

Materiais utilizados: cinco cones, cinco bolas, duas estacas e uma corda ou corda elástica.

1 – *Goleiro*: de joelhos e ao comando do preparador de goleiros, deve realizar a *defesa pelo alto de mão trocada* utilizando somente os membros superiores e o tronco.

Preparador de goleiros: deve jogar ou chutar a bola.

Duração: dez repetições, cinco para o lado esquerdo e cinco para o direito (Figura 2.134).

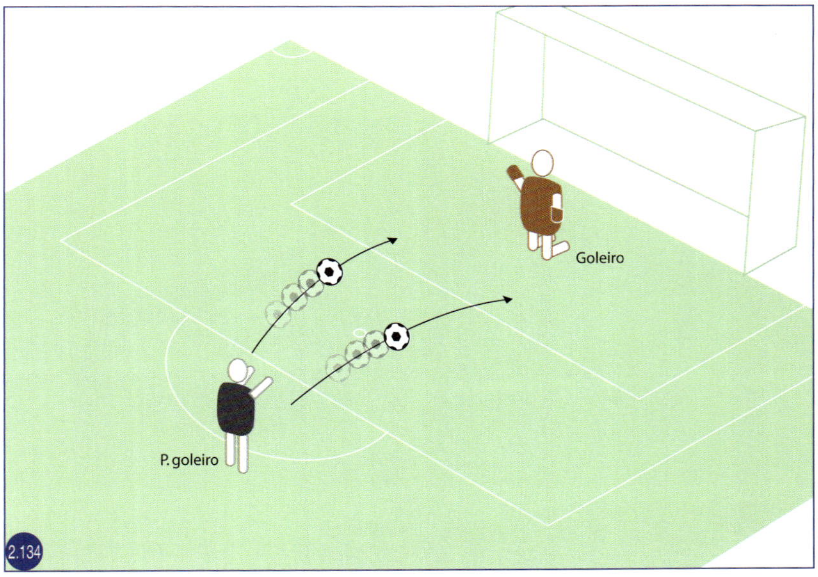

2 – *Goleiro*: com um joelho ao solo e a outra perna flexionada à frente, deve impulsionar e saltar em direção à bola para realizar a *defesa pelo alto de mão trocada*.

Preparador de goleiros: deve jogar ou chutar a bola.

Duração: oito repetições, quatro para o lado esquerdo e quatro para o direito (Figura 2.135).

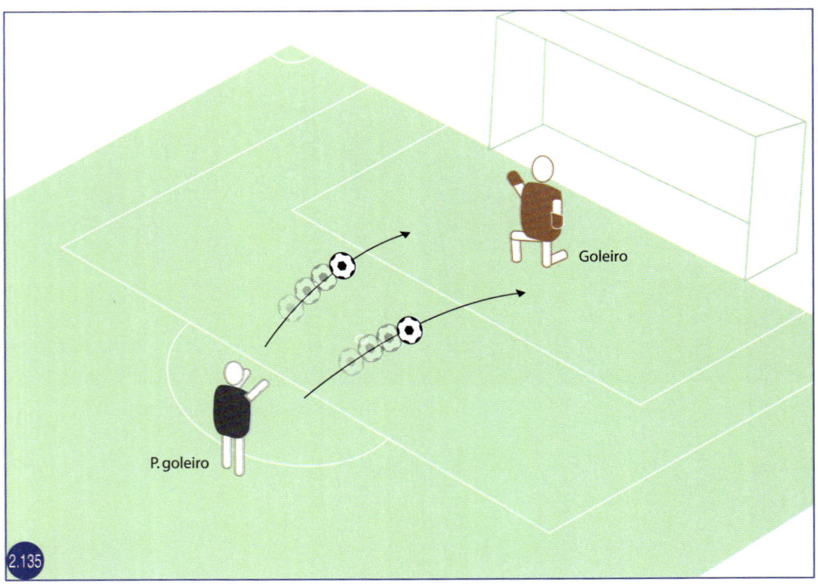

3 – *Goleiro*: ao comando do preparador de goleiros, deve correr até o segundo cone posicionado à sua esquerda, contornando pela frente e retornando por trás de costas até o primeiro cone, onde correrá até a frente do cone que deve estar no centro do exercício; em seguida, realizar a *defesa pelo alto de mão trocada* e, ao término da defesa, deve retornar ao início e realizar os mesmos procedimentos para o lado oposto.

Preparador de goleiros: deve jogar ou chutar a bola toda vez que o goleiro estiver passando à frente do cone central.

Duração: duas séries, cada uma com quatro repetições, duas para cada lado (Figura 2.136).

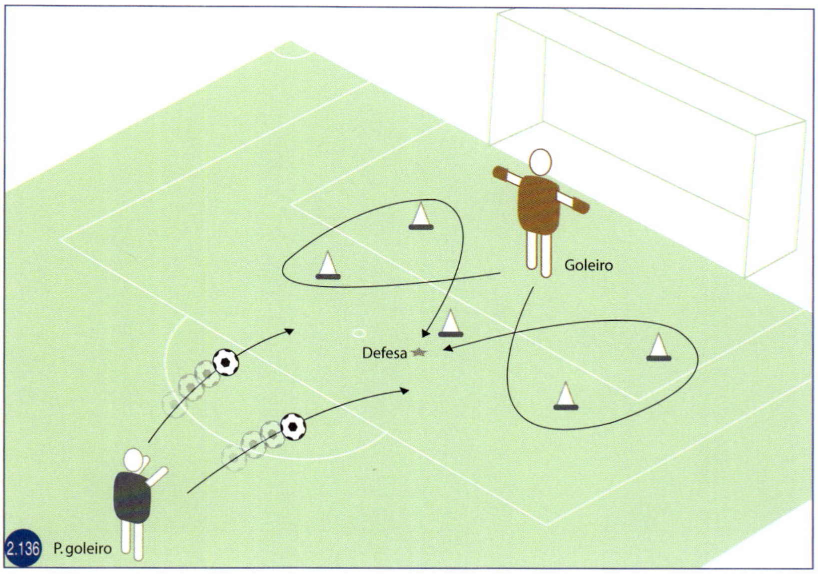

2.136

4 – *Goleiro*: deitado e ao comando do preparador de goleiros, deve rolar por debaixo da corda e, depois, levantar-se e saltar por sobre ela, realizando a *defesa pelo alto de mão trocada*; em seguida, deve permanecer deitado para repetir o exercício e, somente após a segunda execução, deverá inverter o lado.

Preparador de goleiros: deve jogar ou chutar a bola toda vez que o goleiro estiver de pé ao lado da corda.

Duração: duas séries, cada uma com quatro repetições, duas para cada lado (Figura 2.137).

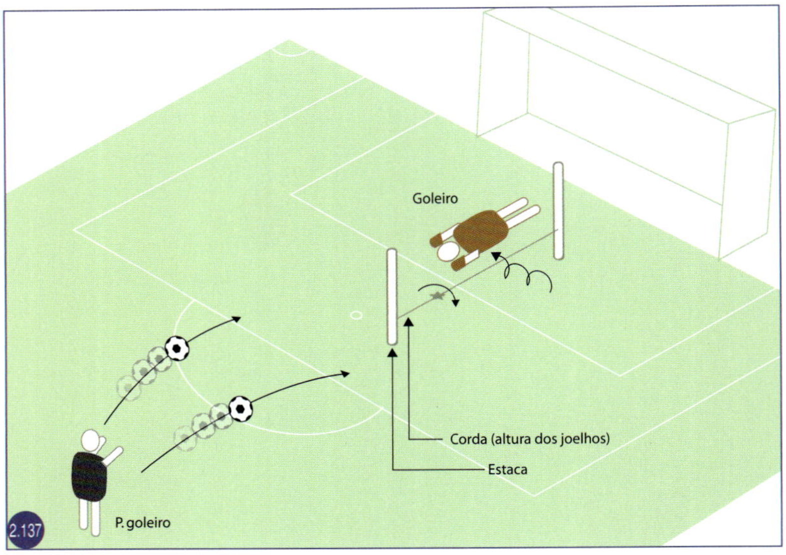

5 – *Goleiro*: deitado lateralmente e ao comando do preparador de goleiros, deve realizar o giro para o lado oposto, onde irá levantar e realizar a defesa pelo alto de mão trocada; ao término, deve se manter deitado e realizar o mesmo procedimento para o lado oposto.

Preparador de goleiros: deve jogar ou chutar a bola toda vez que o goleiro estiver em pé.

Duração: duas séries, cada uma com quatro repetições, duas para cada lado (Figura 2.138).

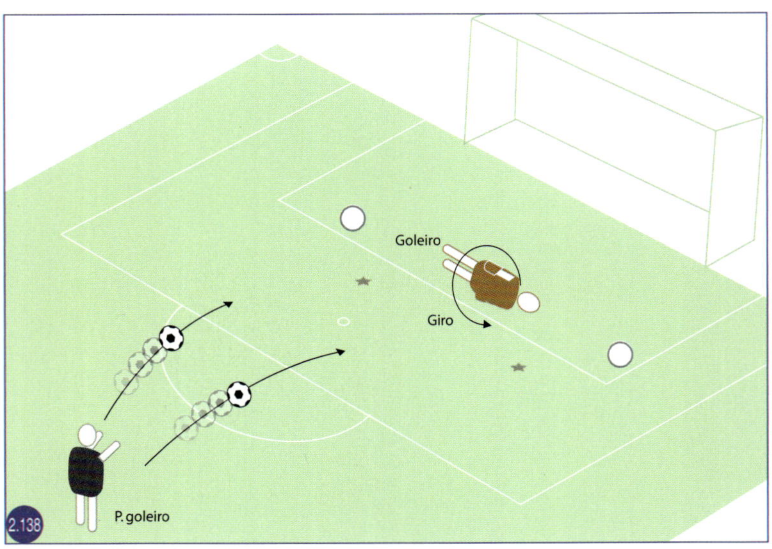

Defesa de recuperação

Diferentemente do fundamento de mão trocada, aqui o deslocamento deverá ser em diagonal para trás, e pode-se utilizar qualquer uma das mãos para impedir a passagem da bola; mas, assim como em todos os fundamentos vistos, o que determinará o movimento usado será a trajetória da bola.

Esse tipo de defesa geralmente ocorre quando o goleiro está se adiantando e o adversário tenta encobri-lo.

- O salto é realizado em diagonal para trás com uma das pernas impulsionando, sendo lado direito perna de impulsão direita e lado esquerdo perna de impulsão esquerda.
- Ao impulsionar, o goleiro deverá estender o braço mais próximo da bola.
- Quando estendido, deve direcionar a bola por cima ou pelas laterais do gol.
- Ao cair, para que se evitem lesões, deve amortecer o impacto da queda com ambas as mãos (Figura 2.139).
- Correr em diagonal para trás sempre olhando para a bola (Figura 2.140).
- Direcionar a bola por cima do gol (Figura 2.141).

2.139

2.140

2.141

- Direcionar a bola para as laterais do gol (Figura 2.142).
- Geralmente, nas duas situações descritas, o goleiro cairá próximo ou dentro do gol (Figura 2.143).

Possíveis erros na execução

- Não direcionar a bola para fora do gol (Figura 2.144).
- Tentar segurar a bola em situações extremas (Figura 2.145).
- Cair de barriga (Figura 2.146).
- Tentar usar o pé para impedir a passagem da bola (Figura 2.147).

2.142

2.143

2.144

2.145

2.146

2.147

Exercícios indicados

Materiais utilizados: seis cones, escada de coordenação, ou bastões, e dez bolas.

1 – *Goleiro*: sentado à frente do preparador de goleiros e ao comando dele, deve levantar-se para o lado direito e correr em direção ao gol para que consiga realizar a *defesa de recuperação*; ao término da defesa, deve retornar à posição inicial e realizar os mesmos procedimentos para o lado oposto.

Preparador de goleiros: deve jogar ou chutar a bola toda vez que o goleiro estiver correndo em direção ao gol.

Duração: oito repetições, quatro para a esquerda e quatro para a direita (Figura 2.148).

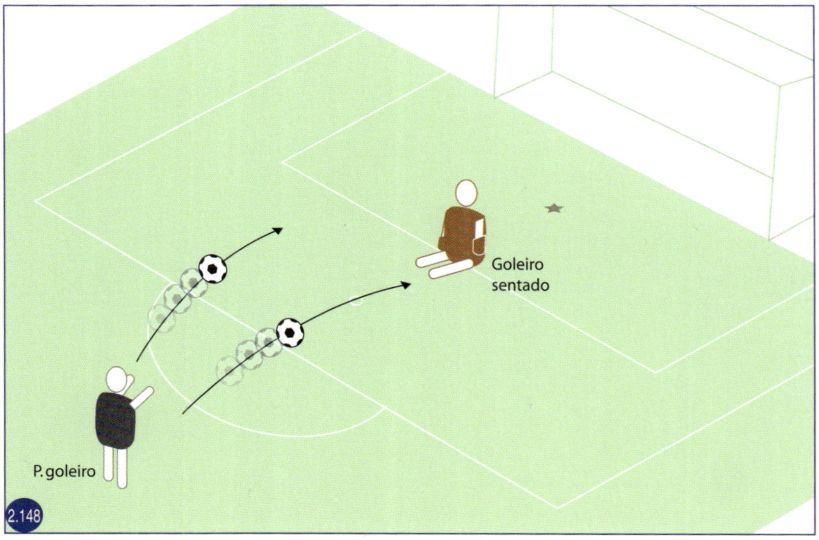

2.148

2 – *Goleiro*: sentado, posicionado no centro do gol e ao comando do preparador de goleiros, deve correr até o cone posicionado à sua esquerda, passando em volta dele e retornando ao gol correndo, para que possa alcançar a bola e realizar a *defesa de recuperação*; ao término da defesa, deve retornar à posição inicial e realizar os mesmos procedimentos para o lado oposto.

Preparador de goleiros: deve jogar ou chutar a bola toda vez que o goleiro estiver retornando ao gol.

Duração: oito repetições, quatro para a esquerda e quatro para a direita (Figura 2.149).

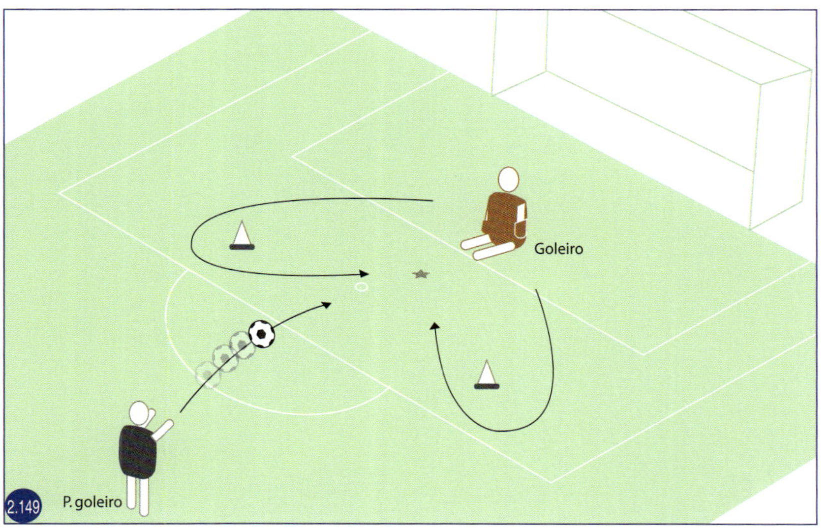

2.149

3 – *Goleiro*: posicionado no gol e ao comando do preparador de goleiros, deve correr até o centro dos cones posicionados à sua frente para que possa realizar a defesa *pegada* e, em seguida, virar seu corpo para a direita e retornar correndo para que possa alcançar a bola e realizar a *defesa de recuperação*; ao término da defesa, deve retornar à posição inicial e realizar os mesmos procedimentos para o lado oposto.

Preparador de goleiros: deve jogar ou chutar a bola no momento em que o goleiro estiver entre os cones da frente e no momento em que estiver retornando ao gol.

Duração: seis repetições, três para a esquerda e três para a direita (Figura 2.150).

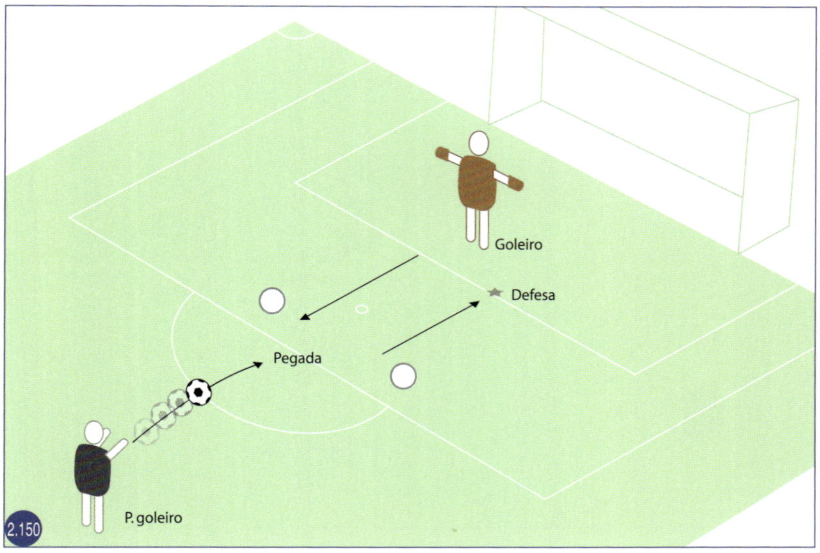

4 – *Goleiro*: posicionado no gol e ao comando do preparador de goleiros, deve passar correndo pela escada e, ao término, deve voltar ao gol correndo diagonalmente para o lado direito, para que possa realizar a *defesa de recuperação*; ao término, deve voltar à posição inicial e realizar os mesmos procedimentos para o lado oposto.

Preparador de goleiros: deve jogar ou chutar a bola toda vez que o goleiro estiver retornando ao gol.

Duração: oito repetições, quatro para a esquerda e quatro para a direita (Figura 2.151).

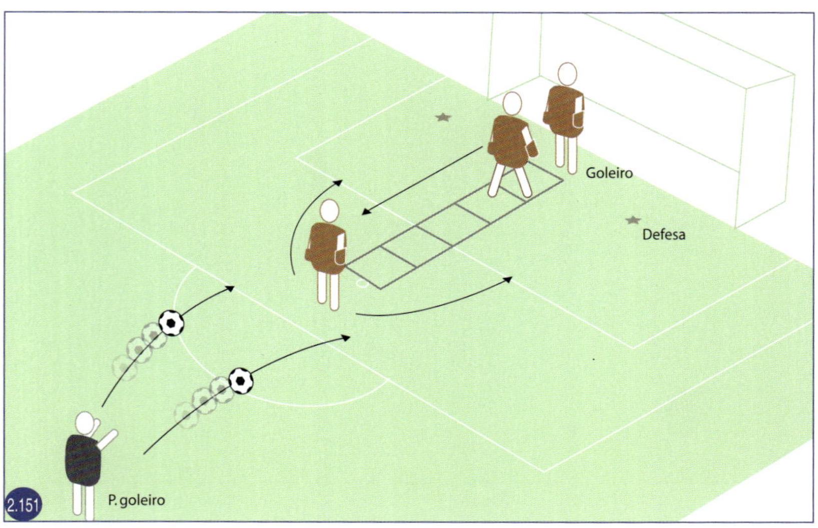

5 – *Goleiro*: posicionado no gol e ao comando do preparador de goleiros, deve correr em sua direção, passando por detrás e retornando ao gol para que possa realizar a *defesa de recuperação*; ao término, deve voltar à posição inicial e realizar os mesmos procedimentos para o lado oposto.

Preparador de goleiros: deve jogar ou chutar a bola toda vez que o goleiro estiver retornando ao gol.

Duração: seis repetições, três para a direita e três para a esquerda (Figura 2.152).

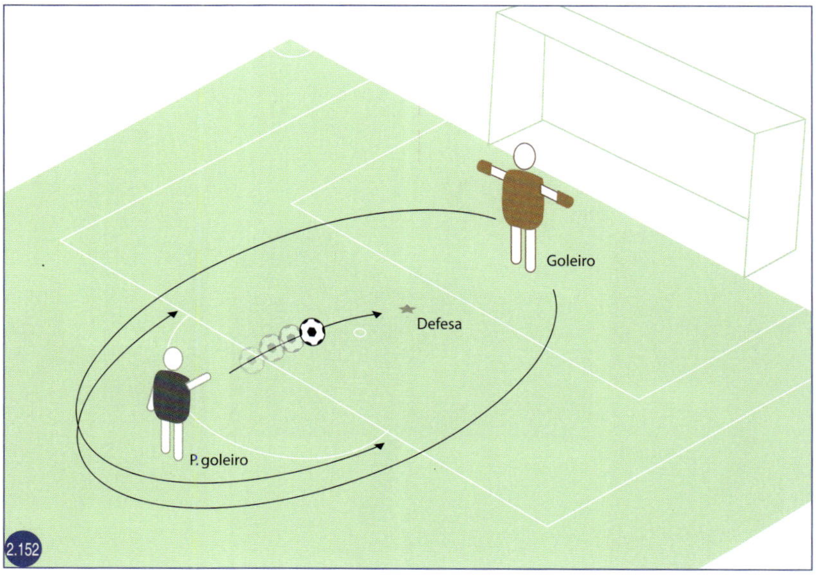

SAÍDAS DE GOL

O fundamento de saída de gol envolve variações conforme a altura, a trajetória da bola e as movimentações do adversário. A seguir, mostraremos quatro tipos de situações:

- saída de gol em bolas altas;
- saída de gol utilizando o soco;
- saída de gol em bolas baixas;
- saída de gol em bolas recuadas.

SAÍDA DE GOL EM BOLAS ALTAS

É a saída de gol mais utilizada nos jogos, podendo advir de chutes pelo adversário, principalmente em bolas paradas. Dentre os fundamentos apresentados, neste é que se tem o maior número de erros durante os jogos e treinamentos, em razão da grande variabilidade que a jogada possui, sendo necessário prestar atenção não apenas na trajetória da bola, mas também nos adversários e companheiros de equipe que, muitas vezes, atrapalham a visão e a técnica.

- Partindo da posição de expectativa e dependendo da trajetória da bola, o goleiro poderá utilizar deslocamentos para aproximação dela.
- O salto é feito impulsionando somente com uma perna.
- A perna oposta é flexionada à frente, ajudando na autodefesa e mantendo o equilíbrio na fase aérea.
- Quando a trajetória da bola for para o lado direito do goleiro, a perna esquerda deverá impulsionar, e a perna direita deverá ser flexionada à frente; quando for para esquerda, a perna direita deverá impulsionar e a perna esquerda deverá ser flexionada à frente.

- Nessa situação, o goleiro, sempre que possível, deve pegar a bola no ponto mais alto que conseguir.
- O movimento das mãos é o mesmo realizado no fundamento de *pegada*.
- Ao cair, os dois pés devem tocar o solo simultaneamente, diminuindo o impacto ocasionado pela queda.
- Nos lances de bolas vindas da lateral, o goleiro deverá rotacionar seu corpo ainda no alto para que caia de frente para o centro do campo; caso a bola escape de suas mãos, estará na frente de seu corpo, possibilitando-lhe a uma recuperação (Figura 2.153 a 2.157).

2.153

2.154

2.155

2.156

2.157

- Correr em direção à bola ao perceber que sua trajetória tende a cair à frente (Figura 2.158).
- Poderá saltar com ambas as pernas estendidas somente em situações nas quais não há jogadores em sua proximidade (Figura 2.159).
- Trazer a bola de encontro ao peito para que possa protegê-la de choques com os adversários e companheiros de equipe (Figura 2.160).

2.158

2.159

2.160

Possíveis erros na execução

- Não olhar para a bola (Figura 2.161).
- Cair com uma só perna (Figura 2.162).
- Saltar descoordenado (Figura 2.163).
- Perder o tempo de bola (Figura 2.164).

2.161

2.162

2.163

2.164

EXERCÍCIOS INDICADOS

Materiais utilizados: oito cones e seis bolas.

1 – *Goleiro*: deve realizar a defesa *saída de gol em bolas altas* para a direita, devolver a bola assim que tocar com os pés no solo e realizar em seguida a defesa para o lado esquerdo; nesse exercício, serão trabalhadas duas bolas simultâneas, ou seja, enquanto uma é jogada ao alto pelo preparador de goleiros, a outra é devolvida pelo goleiro.

Preparador de goleiros: deve jogar a bola toda vez em que o goleiro tocar com os pés no solo.

Duração: dez repetições, cinco para cada lado (Figura 2.165).

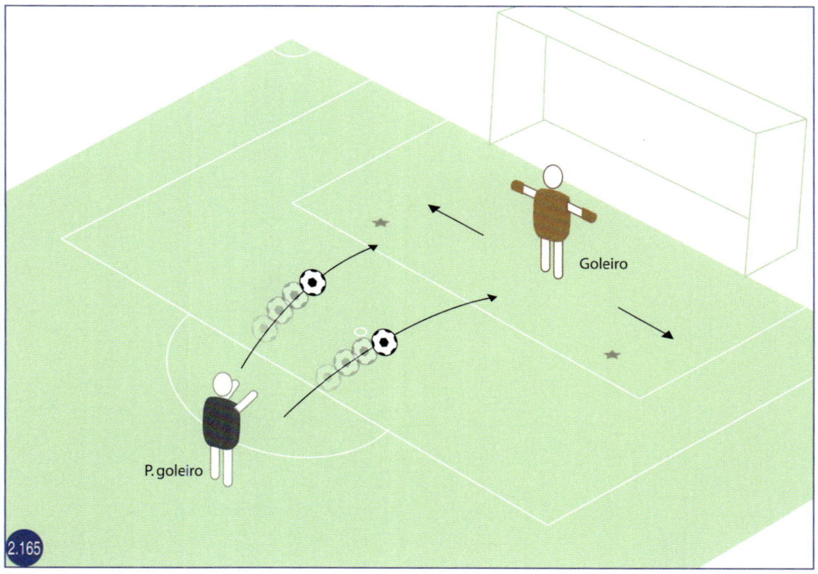

2 – *Goleiro*: ao comando do preparador de goleiros, deve correr até os cones posicionados à sua esquerda e, ao aproximar-se, deve realizar a defesa *saída de gol em bolas altas* por sobre os cones; ao término da defesa, deve retornar à posição de início e realizar os mesmos procedimentos para o lado oposto.

Preparador de goleiros: deve jogar a bola toda vez que o goleiro se aproximar dos cones.

Duração: seis repetições, três para cada lado (Figura 2.166).

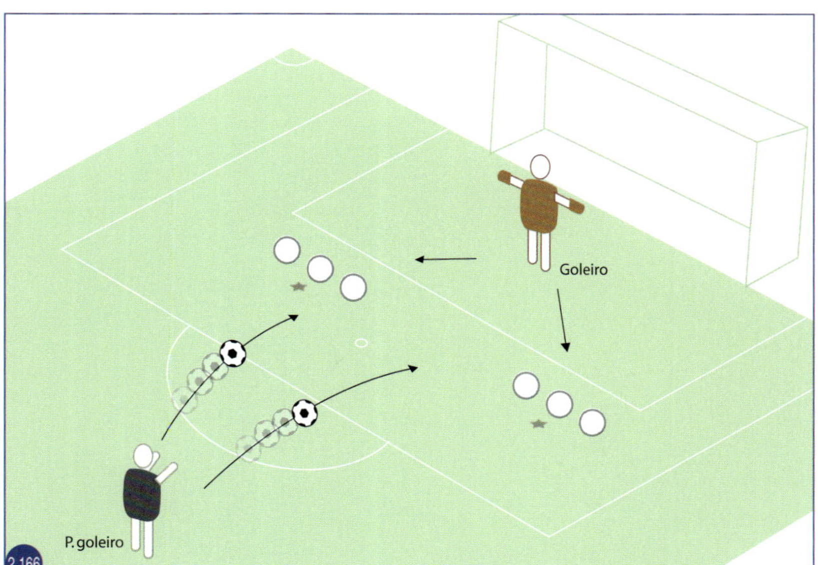

3 – *Goleiro*: ao comando do preparador de goleiros, deverá correr até o primeiro cone da direita, contorná-lo para o lado esquerdo e, em seguida, realizar a defesa *saída de gol em bolas altas* à frente do segundo cone; ao término da defesa, deverá retornar de costas atrás do segundo cone e correr diagonalmente à frente do terceiro cone, onde realizará a defesa e, por fim, realizará o mesmo procedimento no quarto cone. Ao final da sequência, o goleiro deverá voltar à posição inicial e realizar os mesmos procedimentos para o lado oposto.

Preparador de goleiros: deve jogar a bola toda vez que o goleiro estiver correndo diante do segundo, terceiro e quarto cones.

Duração: oito repetições, quatro para a esquerda e quatro para a direita (Figura 2.167).

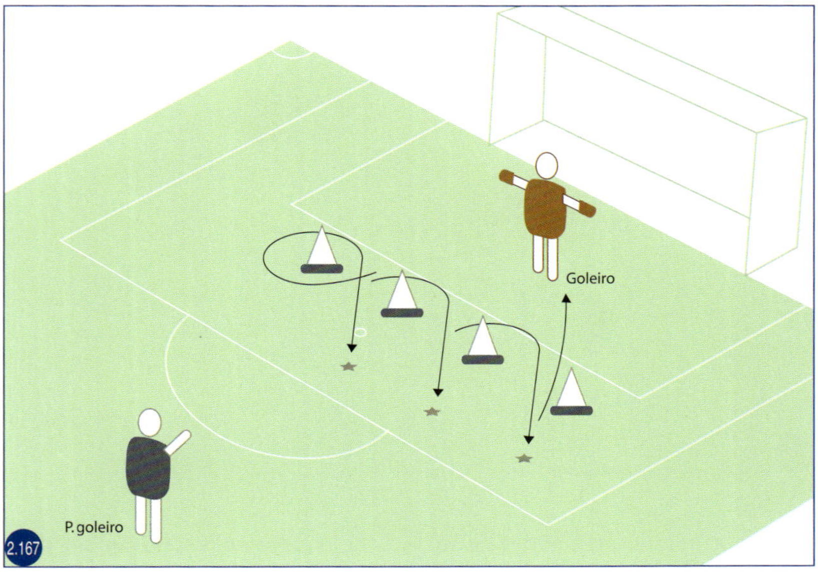

4 – *Goleiro*: ao comando do preparador de goleiros, deve realizar a defesa *saída de gol em bolas altas*.

Preparador de goleiros: deve jogar a bola contra o solo, fazendo-a quicar e subir.

Duração: oito repetições, quatro impulsionando com a perna direita e quatro com a esquerda (Figura 2.168).

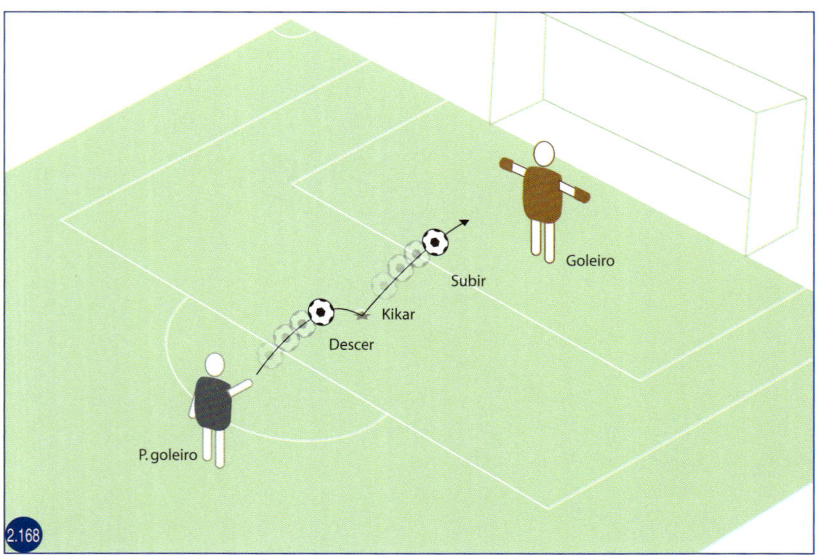

5 – *Goleiro*: deitado em decúbito ventral com a cabeça voltada para a lateral direita e ao comando do preparador de goleiros, deve levantar-se e realizar a defesa *saída de gol em bolas altas* para o lado direito; em seguida, devolver a bola e retornar à posição inicial, desta vez com a cabeça voltada para a lateral esquerda, para que possa realizar os mesmos procedimentos para o lado oposto.

Preparador de goleiros: deve jogar a bola toda vez que o goleiro estiver de pé.

Duração: oito repetições, quatro para o lado esquerdo e quatro para o direito (Figura 2.169).

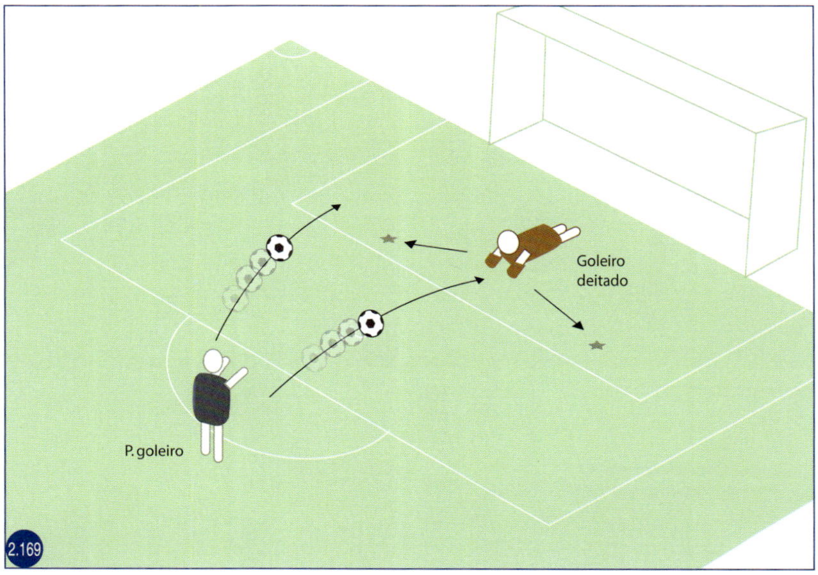

2.169

SAÍDA DE GOL UTILIZANDO O SOCO

Essa técnica geralmente é usada quando o goleiro se sente ameaçado.

- Saídas de gol em que o goleiro terá de dividir a bola pelo alto, podendo haver choques.
- Em dias chuvosos, quando a bola e o campo estiverem molhados.
- Quando não estiver confiante para efetuar a defesa *saída do gol em bolas altas* com segurança.
- O goleiro deve perceber e encontrar o tempo da bola para não socá-lá muito alta e nem muito baixa.
- Deverá impulsionar somente com uma perna.
- A perna oposta é flexionada à frente, ajudando na autodefesa e mantendo o equilíbrio na fase aérea.
- Com os braços semiflexionados e as mãos unidas, deve ir de encontro à trajetória da bola e, ao aproximar, estender os braços, tocando-a com a parte frontal do soco.
- Direcionar a bola para as laterais do campo ou para onde menos estiver o adversário.
- Poderá utilizar uma ou duas mãos para executar o soco, o que dependerá da situação do jogo (Figura 2.170).
- Para bolas que saiam de sua trajetória, pode ser necessário realizar a *queda lateral* com a utilização do soco (Figura 2.171).
- No momento do soco, os punhos devem permanecer firmes, com as mãos fechadas e unidas (Figura 2.172).

- Para bolas altas advindas das laterais do campo, o goleiro deverá socar a bola de mão trocada, dando continuidade à sua trajetória, da esquerda para a direita ou vice-versa (Figura 2.173).
- Em situação extrema, como a dividida na fase aérea com o adversário, pode ser utilizada apenas uma das mãos para socar a bola (Figura 2.174).

2.170

2.171

2.172

2.173

2.174

Possíveis erros na execução

- Socar a bola de baixo para cima, fazendo a trajetória dela sair alta e a bola cair numa zona perigosa da área (Figura 2.175).
- Não elevar o joelho para proteção (Figura 2.176).
- Tentar segurar a bola em divididas (Figura 2.176).
- Estender tardiamente os cotovelos após o choque com a bola, pois ela não ganhará distância aérea (Figura 2.177).
- Não socar a bola com a parte frontal (Figura 2.178).

2.175

2.176

2.177

2.178

Exercícios indicados

Materiais utilizados: seis bambolês, quatro cones e dez bolas.

1 – *Goleiro*: ao comando do preparador de goleiros, deverá correr em direção aos bambolês posicionados à sua direita, onde saltará com uma só perna dentro de cada bambolê e, ao término do último bambolê, deverá deslocar-se lateralmente até que o preparador jogue a bola; neste momento, deve executar a defesa *saída de gol utilizando o soco*; ao término da defesa, deve retornar ao início e realizar os mesmos procedimentos para o lado oposto.

Preparador de goleiros: deve jogar a bola toda vez que o goleiro estiver se deslocando lateralmente.

Duração: seis repetições, três para cada lado (Figura 2.179).

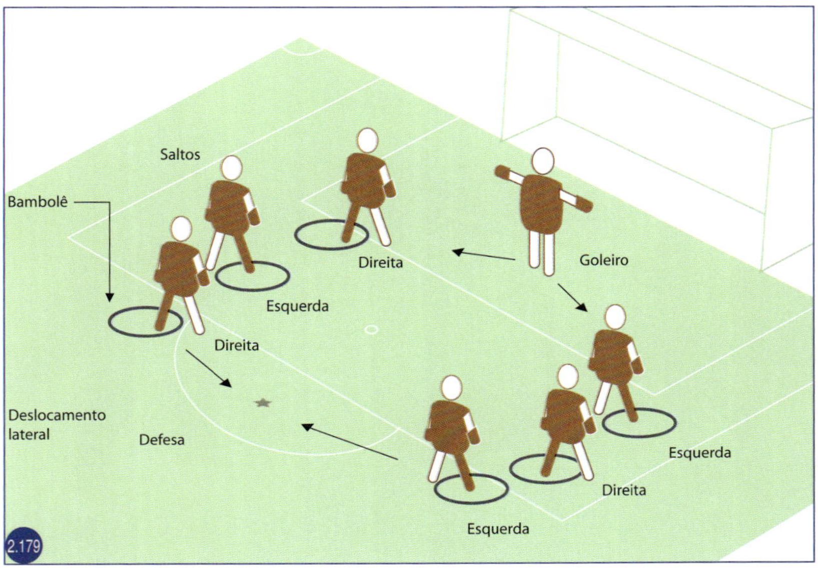

2.179

2 – *Goleiro*: ao comando do preparador de goleiros, deverá correr em direção ao bambolê posicionado à sua direita, saltando para dentro e para fora, onde irá correr e realizar a defesa *saída de gol utilizando o soco*; ao término, deve retornar ao início e realizar os mesmos procedimentos para o lado oposto.

Preparador de goleiros: deve jogar a bola toda vez que o goleiro estiver correndo diagonalmente à frente.

Duração: seis repetições, três para cada lado (Figura 2.180).

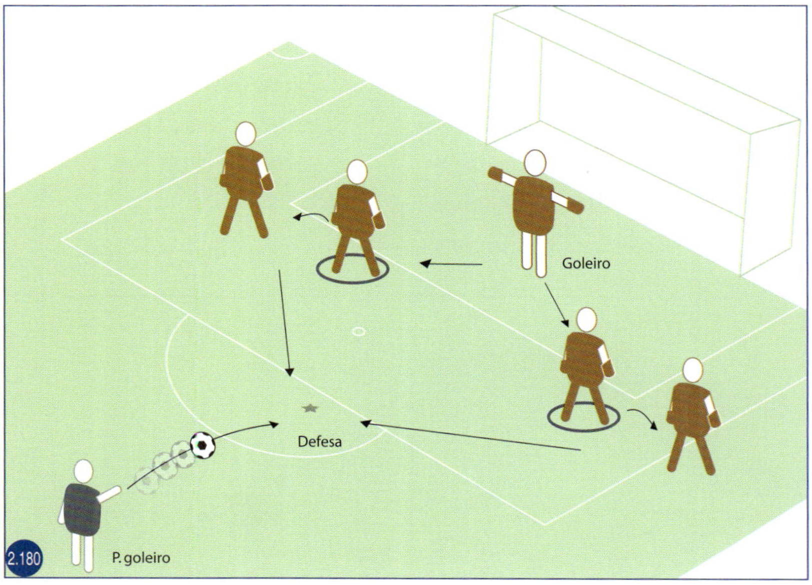

3 – *Goleiro*: ao comando do preparador de goleiros, deverá correr até o bambolê posicionado à sua direita, colocando o pé esquerdo dentro do bambolê, impulsionando e realizando a defesa *saída de gol utilizando o soco*; ao término da defesa, retornar ao início e realizar os mesmos procedimentos para o lado oposto.

Preparador de goleiros: deve jogar a bola em cima do goleiro toda vez que ele estiver com um dos pés dentro do bambolê.

Duração: seis repetições, três para cada lado (Figura 2.181).

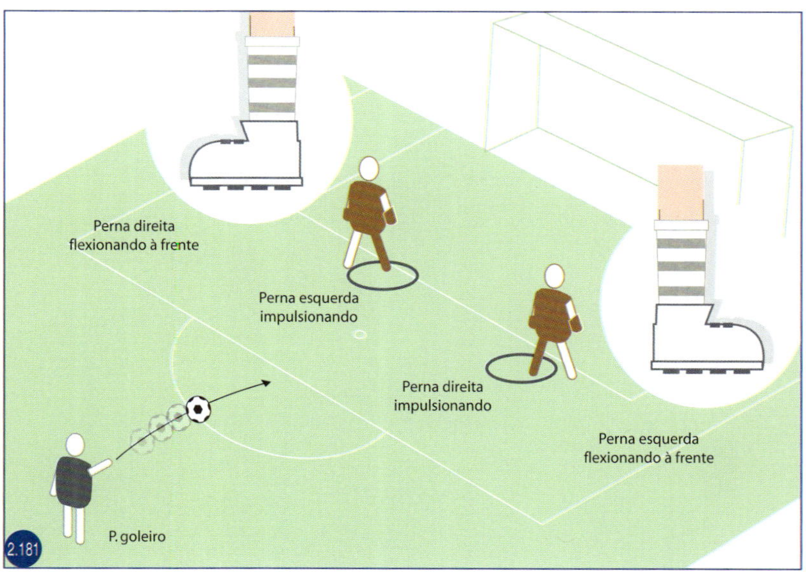

4 – *Goleiro*: ao comando do preparador de goleiros, deve correr até o primeiro cone e tocar seu ápice sem derrubá-lo; em seguida, correr diagonalmente à frente para realizar a defesa *saída de gol utilizando o soco*, retornar à posição inicial e realizar os mesmos procedimentos para o segundo, o terceiro e o quarto cone.

Preparador de goleiros: deve jogar a bola toda vez que o goleiro estiver correndo em diagonal à frente.

Duração: duas séries, cada uma com quatro repetições (Figura 2.182).

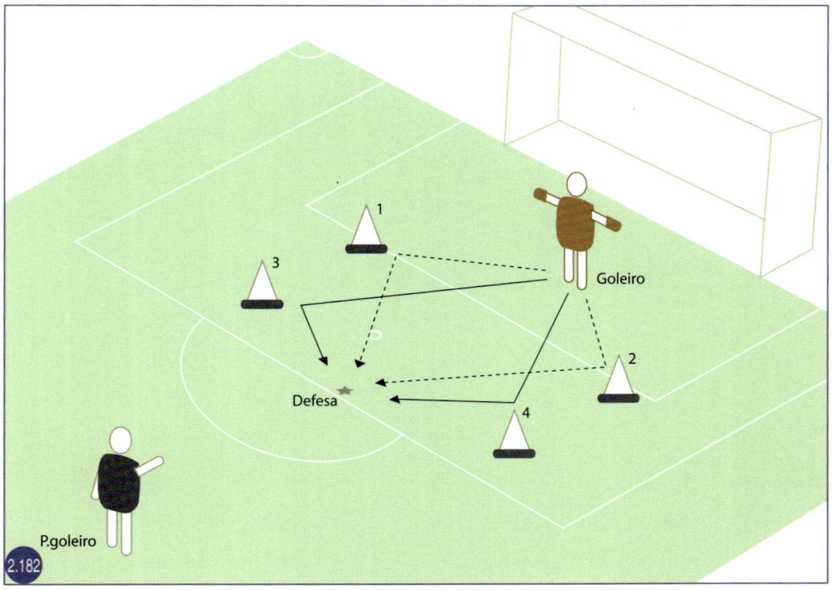

5 – *Goleiro*: sentado e ao comando do preparador de goleiros, deve levantar-se e realizar a defesa *saída de gol utilizando o soco*.

Preparador de goleiros: deve jogar a bola toda vez que o goleiro estiver de pé.

Duração: oito repetições (Figura 2.183).

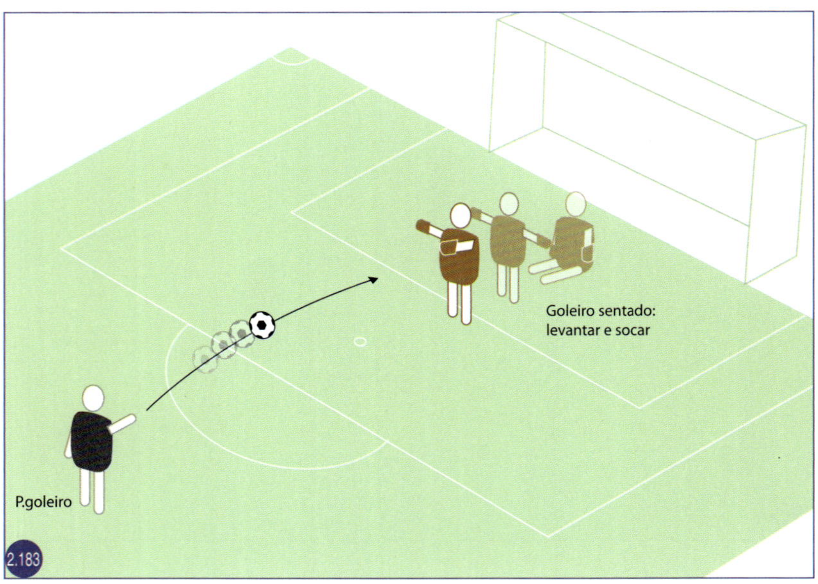

SAÍDA DE GOL EM BOLAS BAIXAS

A técnica de saída de gol em bolas baixas é um movimento de extrema coragem do goleiro e ocorre quando o adversário vem em direção ao seu gol com ou sem posse de bola; tudo dependerá do momento da jogada (Figura 2.184).

2.184

- O goleiro deve fazer uma leitura rápida da situação do jogo para que possa intervir o mais rápido possível.
- O movimento exige velocidade na corrida em direção à bola.
- Usar o movimento de queda rasteira em diagonal à frente.
- Coragem é um aspecto forte nesse fundamento.
- Quando o adversário atacar com posse de bola, o goleiro deverá redobrar sua atenção, pois, além do chute, o adversário também tem a opção de driblá-lo (Figura 2.185).
- Quando o adversário atacar sem posse de bola, o goleiro deverá tentar chegar a ela antes (Figura 2.186).

2.185

2.186

- Chegando o adversário antes à bola, o goleiro deverá atentar a um possível chute, parando toda vez que perceber que isso ocorrerá; caso contrário, deverá seguir atacando com passadas mais curtas, abaixando o quadril (centro de gravidade) cada vez que estiver mais próximo do adversário e da bola (Figura 2.187).
- Nesse fundamento, é de extrema necessidade ter uma velocidade de reação apurada para tentar desviar a bola caso ocorra um chute (Figura 2.188).

Possíveis erros na execução

- Atacar a bola com os membros inferiores (Figura 2.189).
- Escolher um lado para cair (Figura 2.190).
- Sair descoordenado, caindo em diagonal para trás, atingindo seu adversário e fazendo a falta (Figura 2.191).
- Ficar em dúvida no momento da jogada, podendo ser pego em progressão, o que dificultará sua reação no momento da definição do adversário (Figura 2.192).

2.187

2.188

2.189

2.190

2.191

2.192

Exercícios indicados

Materiais utilizados: duas bolas.

1 – *Goleiro*: ao comando do preparador de goleiros e no momento em que ele estiver vindo com posse de bola, deverá ir ao encontro dele, dividindo a jogada e realizando a defesa *saída do gol em bolas baixas*.

Preparador de goleiros: deve conduzir a bola até o ponto em que o goleiro sai em seus pés, saindo da jogada e evitando possíveis choques, o que lesionaria ambos.

Duração: seis repetições (Figura 2.193).

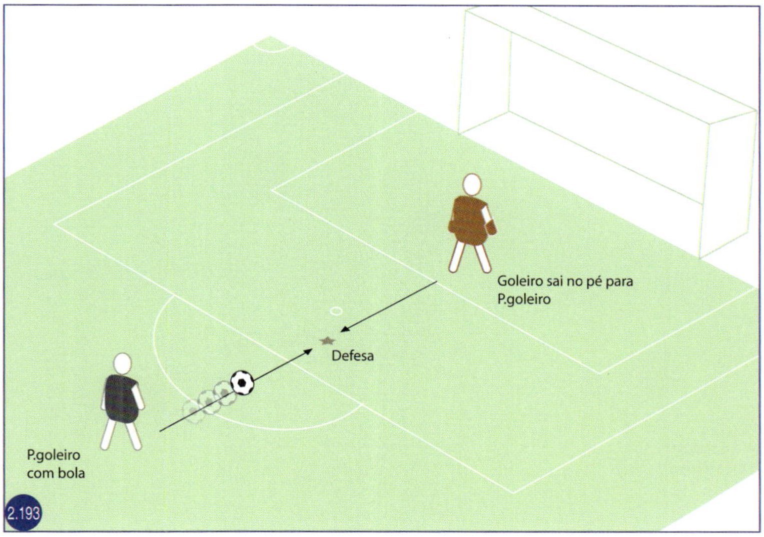

2 – *Goleiro*: ao comando do preparador de goleiros, deve correr em direção à bola chutada e realizar a defesa *saída do gol em bolas baixas*.

Preparador de goleiros: deve tocar a bola de forma forte e rasteira para que o goleiro execute a defesa e, para dificultar, ao tocar a bola deverá correr atrás para tentar recuperá-la.

Duração: seis repetições (Figura 2.194).

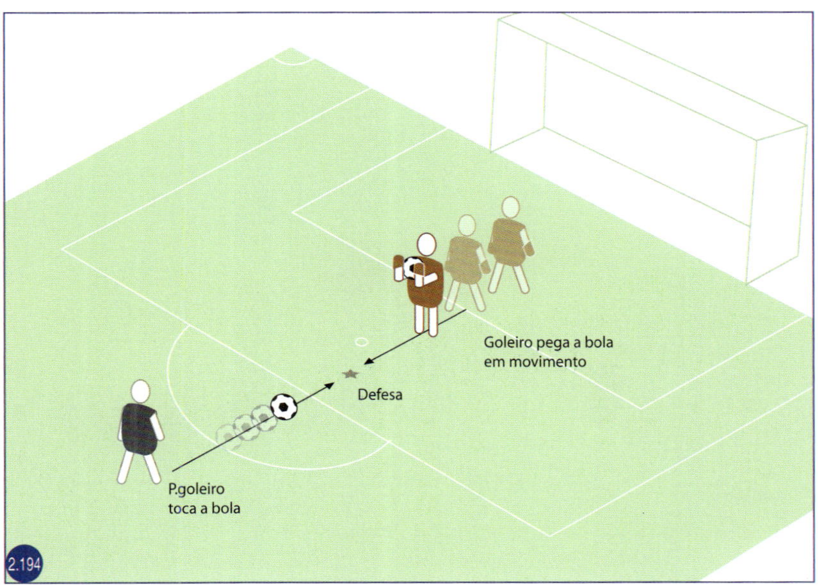

3 – *Goleiro*: ao comando do preparador de goleiros, deve sair em direção a ele com posse de bola para tentar intervir em um possível drible para um dos lados, utilizando a defesa *saída do gol em bolas baixas* para interromper a jogada.

Preparador de goleiros: deve conduzir a bola em direção ao goleiro para tentar driblá-lo para um dos lados.

Duração: seis repetições (Figura 2.195).

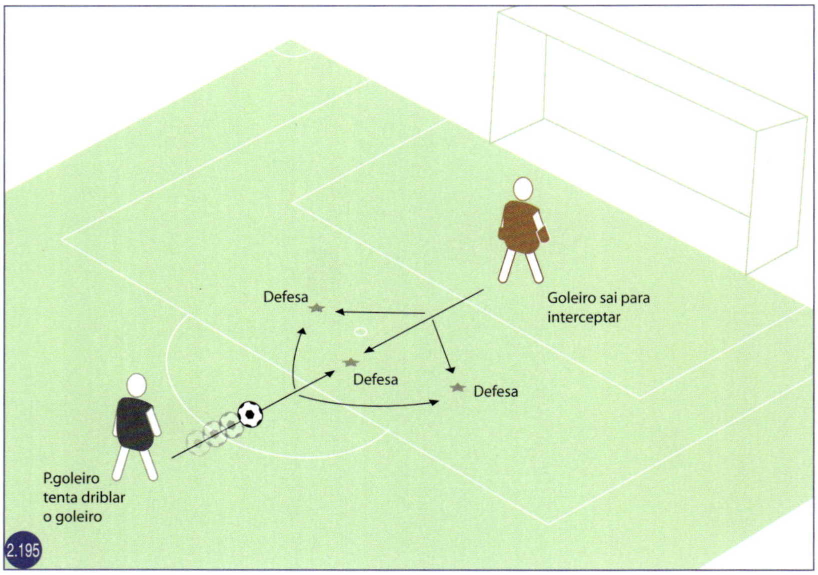

4 – *Goleiro*: ao comando do preparador de goleiros, deve correr em direção à bola, que deve estar 5 metros à sua frente, tentando chegar antes do preparador e realizando a defesa *saída do gol em bolas baixas*.

Preparador de goleiros: deve dar o comando ao goleiro e correr em direção à bola, que deve estar 5 metros à frente, tentando chegar antes que o goleiro realize a defesa.

Duração: seis repetições (Figura 2.196).

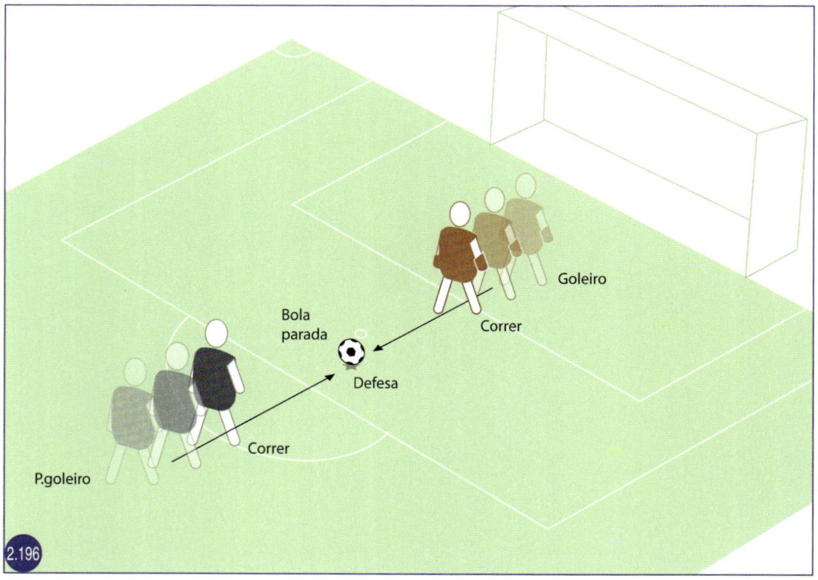

5 – *Goleiro*: ao comando do preparador de goleiros, deverá sair em direção a ele para que possa intervir em todos os tipos de variações possíveis, como chutes e dribles.

Preparador de goleiros: deve conduzir a bola na direção do goleiro, podendo utilizar todos os recursos que uma situação de jogo proporciona nessa ocasião, como chutes e dribles.

Duração: seis repetições (Figura 2.197).

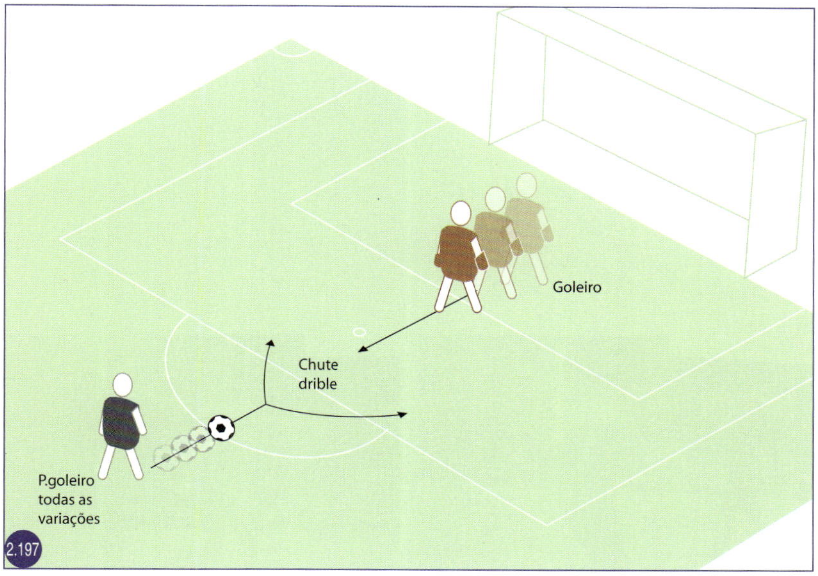

2.197

Saída de gol em bolas recuadas

Fundamento técnico utilizado para bolas direcionadas ao seu gol por companheiros de equipe e adversários. Essa técnica não era muito exigida até algum tempo atrás, mas hoje o goleiro passou a ser um líbero dentro de campo, sendo exigido em ações ofensivas; para isso, um bom domínio de bola e um bom passe são de fato muito importantes, tendo o goleiro o poder de decidir se afastará o perigo do seu gol ou se iniciará um contra-ataque.

- Se na situação de jogo o goleiro tiver tempo suficiente e estiver longe de seus adversários deverá dominar a bola e conduzi-la até que defina onde irá repor (Figura 2.198).

2.198

- Estando o adversário próximo, deve repor a bola em jogo o mais rápido possível (Figura 2.199).
- Caso não seja possível dominar a bola, percebendo que há o perigo de perda de posse, deve chutá-la para longe do alcance de seus adversários (Figura 2.200).

Possíveis erros na execução

- Dominar a bola com o pé que possui maior dificuldade, o que diminuirá seu tempo com posse (Figura 2.201).
- Dominar a bola errado, perdendo tempo e possibilitando ao adversário roubar sua posse (Figura 2.202).
- Precipitar-se ao sair do gol chegando o adversário antes na jogada (Figura 2.203).
- Não direcionar a bola para longe do alcance do adversário (Figura 2.204).

2.199

2.200

2.201

2.202

2.203

2.204

EXERCÍCIOS INDICADOS

Materiais utilizados: quatro cones e oito bolas.

1 – *Goleiro*: ao comando do preparador de goleiros, deve dominar a bola chutada e, em seguida, realizar o passe em um dos gols feito por cones que devem estar posicionados nas laterais do campo.

Preparador de goleiros: deve chutar ou jogar a bola na direção do goleiro e, em seguida, correr atrás dela para tentar dificultar a jogada.

Duração: dez repetições, cinco para o lado direito e cinco para o esquerdo (Figura 2.205).

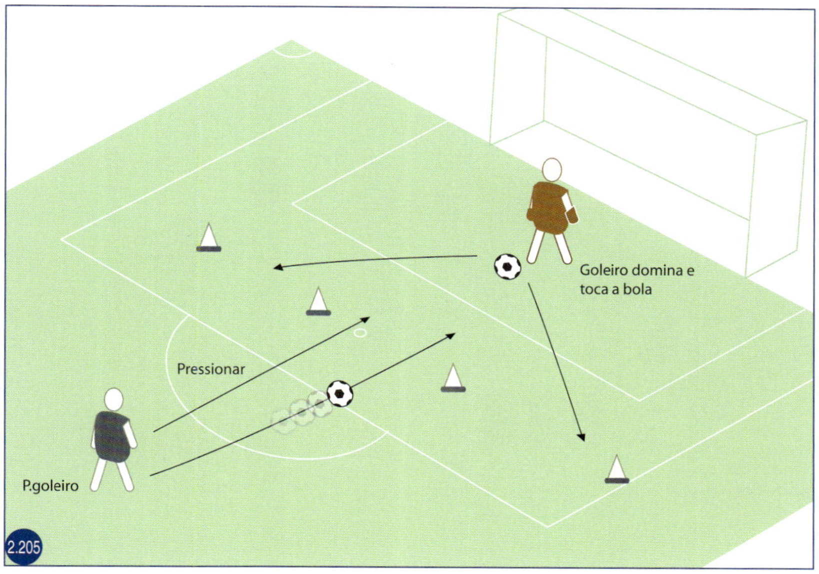

2 – *Goleiro*: ao comando do preparador de goleiros, deve chutar a bola de primeira, tentando acertar um dos gols feito por cones que devem estar posicionados nas laterais do campo.

Preparador de goleiros: deve chutar ou jogar a bola na direção do goleiro e, em seguida, correr atrás dela para tentar dificultar a jogada.

Duração: dez repetições, cinco para o lado direito e cinco para o esquerdo (Figura 2.206).

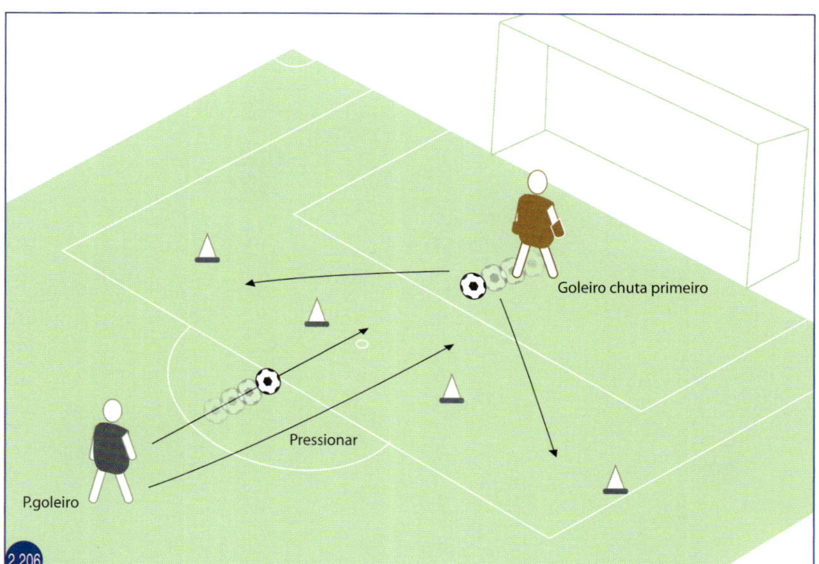

3 – *Goleiro*: ao comando do preparador de goleiros, deve correr atrás da bola chutada para a linha de fundo e, em seguida, realizar um chute de primeira, afastando o perigo de seu gol.

Preparador de goleiros: deve chutar ou jogar a bola em direção à linha de fundo e, em seguida, correr atrás dela para tentar dificultar as ações do goleiro.

Duração: oito repetições, quatro para cada lado (Figura 2.207).

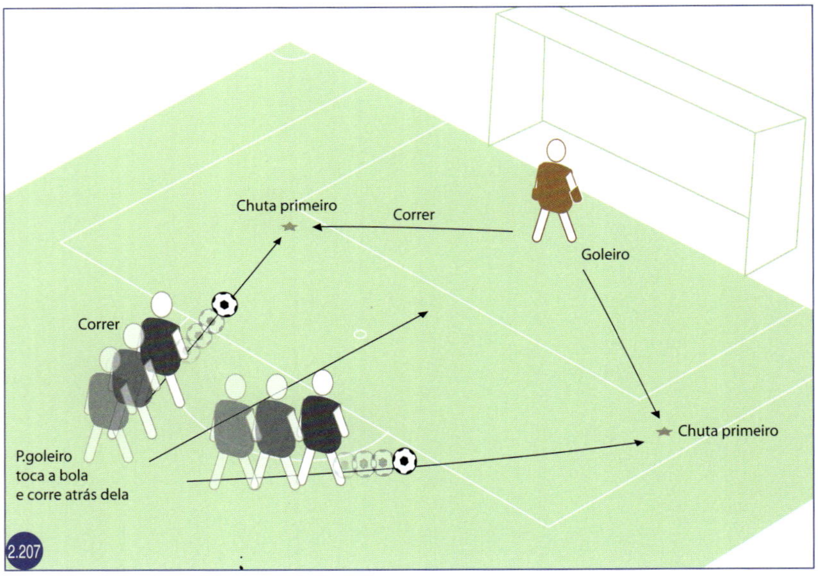

2.207

4 – *Goleiro*: ao comando do preparador de goleiros, deve chutar as bolas que virão de diferentes trajetórias, e o chute deve ser de primeira e o mais longe e alto possível.

Preparador de goleiros: deve posicionar três bolas de cada lado e chutar uma por vez, mudando o destino do passe a cada bola.

Duração: seis repetições, três para cada lado (Figura 2.208).

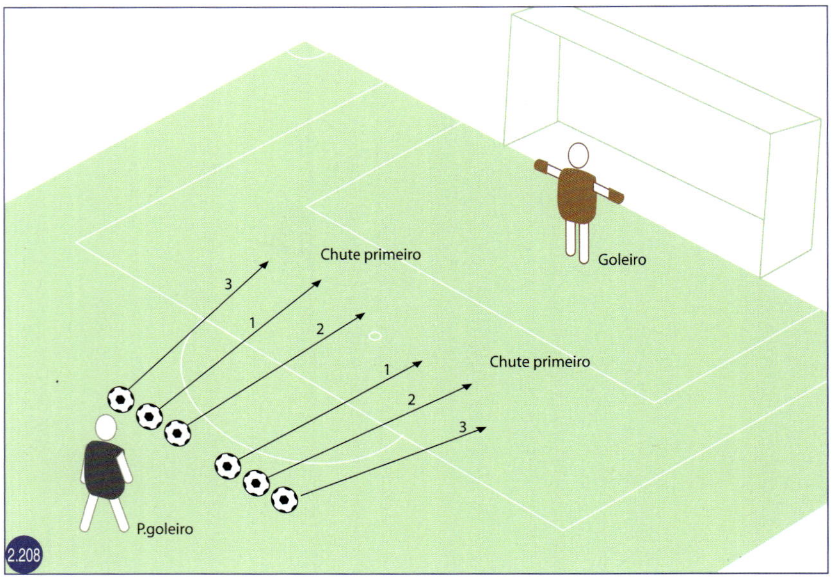

2.208

5 – *Goleiro*: ao comando do preparador de goleiros, deve dominar a bola jogada ou chutada em diferentes alturas; em seguida, realizar o passe de volta ao preparador.

Preparador de goleiros: deve jogar ou chutar a bola de diversas formas para que o goleiro possa trabalhar diferentes situações; variar o máximo possível.

Duração: dez repetições (Figura 2.209).

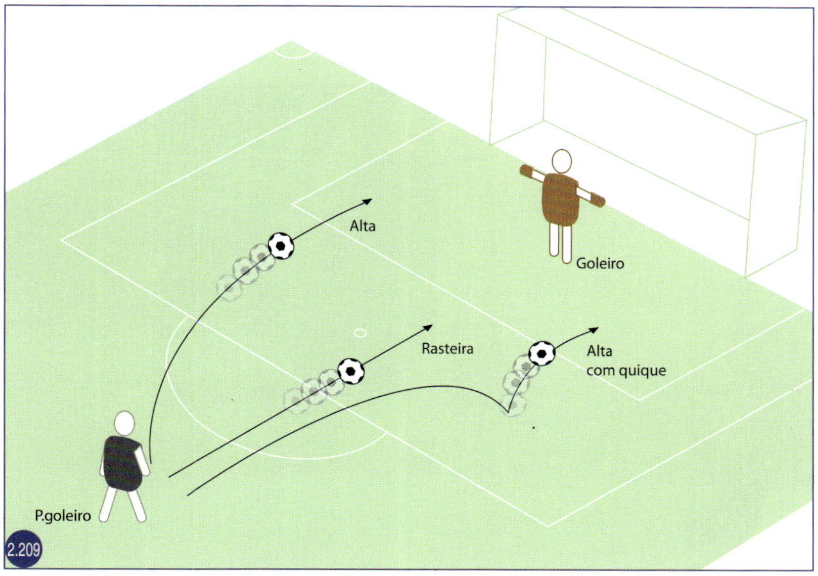

RECURSOS TÉCNICOS

Essa técnica exige uma velocidade de reação muito apurada, sendo necessário executar o movimento usando diversas partes de seu corpo para desviar a bola. Esse é o único fundamento em que o goleiro não deverá se preocupar em direcionar a bola para fora do alcance do adversário, pois mesmo que queira, não conseguirá, em razão da rapidez que a jogada proporciona. A intenção aqui é não tomar o gol.

Esse recurso é usado em chutes próximos, chutes com mudanças de direção, chutes em que a bola oscila durante sua trajetória, desvios ocasionados por companheiros de equipe, em que muitas vezes ocorre o chamado gol contra, cabeçadas fortes e próximas, situações em que a visão do goleiro em relação à bola está encoberta pelos seus defensores, adversários ou ambos, entre outros.

- Caso o goleiro seja pego desprevenido e tenha de recuperar uma bola, deve saltar para dentro do gol, tentando tirá-la de sua trajetória (Figura 2.210).
- Se o goleiro não tiver a visão da bola, deverá redobrar sua atenção para possíveis desvios ocasionados por companheiros de equipe e adversários que se encontram à sua frente (Figura 2.211).
- Se os arremates ao gol, tanto de cabeça como com o pé, forem muitos próximos, deve procurar utilizar partes do corpo para tentar impedir o gol (Figura 2.212).

2.210

2.211

2.212

Possíveis erros na execução

- Tentar adivinhar em quem a bola tocará e não focar a trajetória real (Figura 2.213 a 2.215).
- Querer utilizar a técnica em situações extremas (Figura 2.216).
- Cair para trás no momento da jogada (Figura 2.217).
- Deslocar-se muito para observar onde está a bola, ficando mal posicionado (Figura 2.218).

2.213

2.214

2.215

2.216

2.217

2.218

EXERCÍCIOS INDICADOS

Materiais utilizados: seis bolas.

1 – *Goleiro*: posicionado no centro do gol e ao comando do preparador de goleiros, deverá realizar a primeira defesa tentando utilizar a técnica correta para a bola em questão; em seguida, levantar o mais rápido possível, pois virá uma sequência de cinco chutes, um por vez, e cada chute gradativamente mais rápido e forte.

Preparador de goleiros: deve chutar ou jogar a primeira bola para que o goleiro execute a defesa, de qualquer tipo; em seguida, jogar ou chutar uma bola por vez e, a cada bola, aumentar a força e a rapidez com que joga ou chuta, o que dificultará a recuperação do goleiro, forçando-o a utilizar a defesa *recurso técnico*.

Duração: quatro séries, cada uma com seis repetições (Figura 2.219).

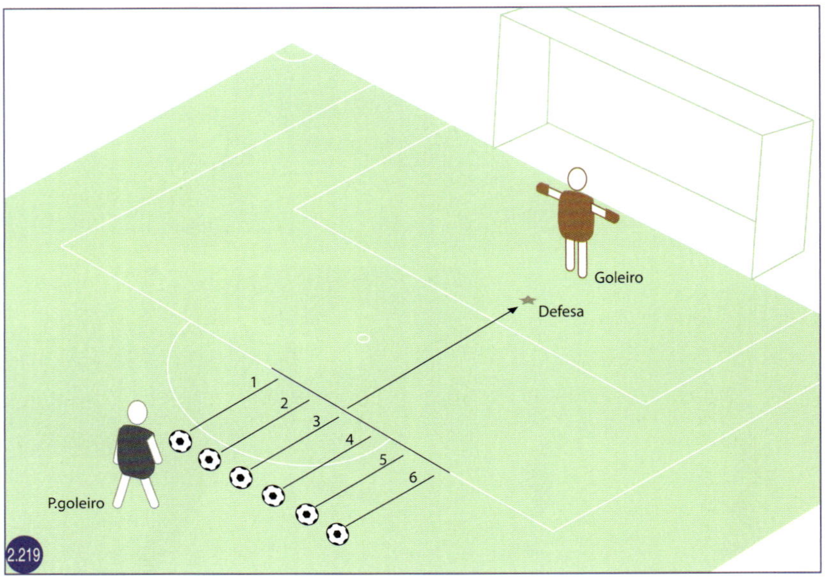

2 – *Goleiro*: posicionado no centro do gol e de costas para o campo, deve realizar um salto com giro de 180° graus, posicionando o corpo de frente para o campo e, assim que tocar os pés no solo, deve realizar defesas seguidas *recurso técnico*.

Preparador de goleiros: deve chutar ou jogar a bola toda vez que o goleiro tocar os pés no solo de frente para o campo, chutar ou jogar as bolas posicionadas à sua direita e à sua esquerda, sendo um chute por vez e, a cada chute, mais forte e rápido, dando um tempo menor ao goleiro, o que dificultará sua recuperação, sendo forçado a utilizar o recurso.

Duração: duas séries, cada uma com seis repetições (Figura 2.220).

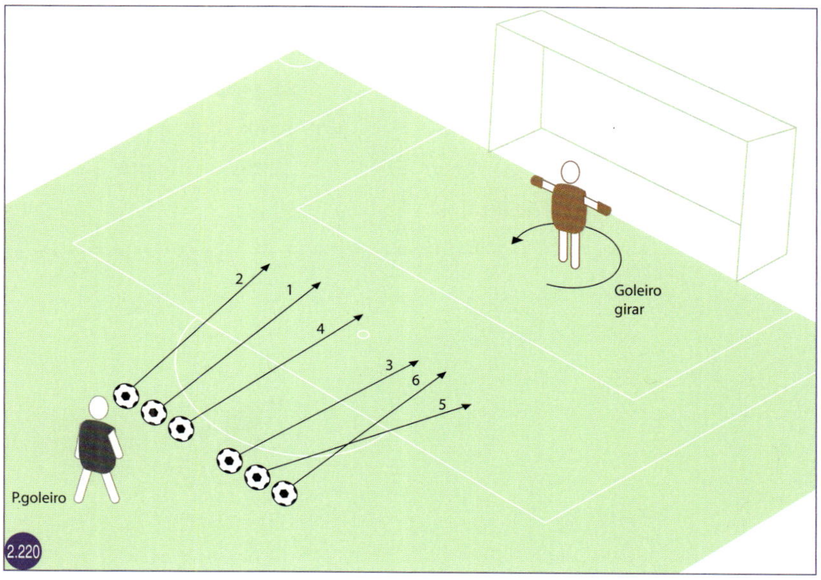

2.220

3 – *Goleiro*: deitado em decúbito ventral com a cabeça voltada para o meio-campo, deve, ao comando do preparador de goleiros, levantar-se e realizar a defesa *recurso técnico*; em seguida, voltar à posição inicial e realizar os mesmos procedimentos para as bolas seguintes.

Preparador de goleiros: deve dar o comando para que o goleiro se levante e, em seguida, chutar ou jogar a bola assim que o goleiro estiver se levantando, diminuindo seu tempo de reação e forçando-o a utilizar o recurso.

Duração: duas séries, cada uma com quatro repetições (Figura 2.221).

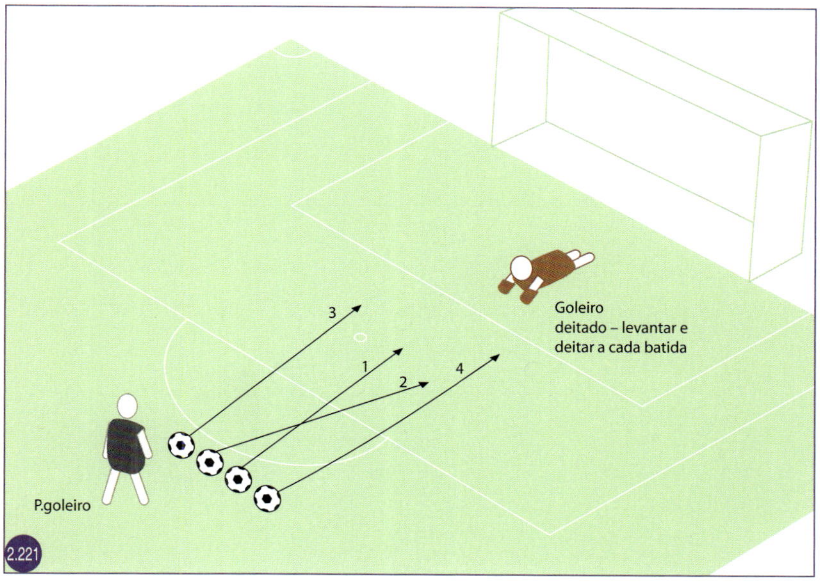

2.221

4 – *Goleiro*: posicionado ao centro do gol e ao comando do preparador de goleiros, deve realizar a defesa *recurso técnico* e, em seguida, retomar rapidamente a posição inicial para realizar a próxima defesa; fazer isso até que se acabe a sequência de chutes.

Preparador de goleiros: deve chutar ou jogar a bola a uma distância de três a quatro metros para que o goleiro realize a defesa.

Duração: duas séries, cada uma com quatro repetições (Figura 2.222).

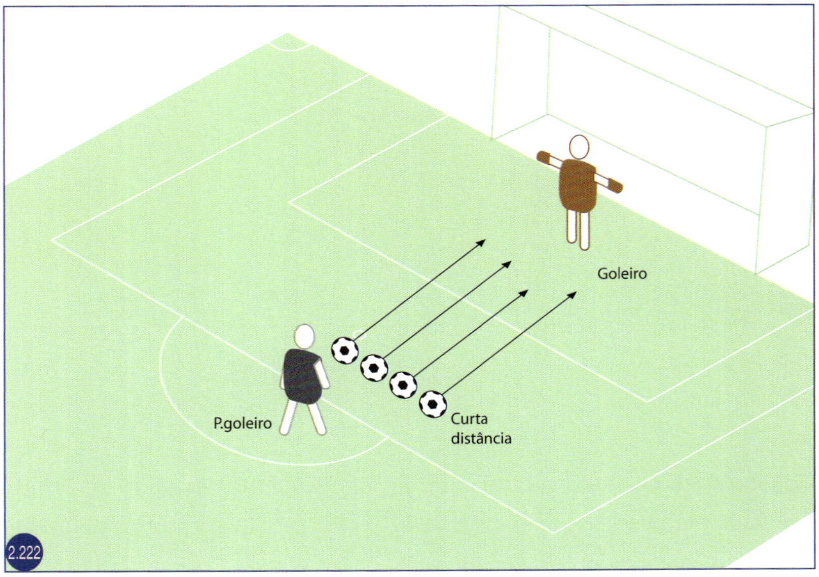

5 – *Goleiro*: posicionado ao centro do gol e ao comando do preparador de goleiros, deve realizar a defesa *recurso técnico* e, em seguida, retomar rapidamente a posição inicial para realizar a próxima defesa; fazer isso até que se acabe a sequência de chutes.

Preparador de goleiros: deve enfileirar uma sequência de cinco bolas com um espaço entre elas e, em seguida, deve chutar uma por uma, começando da bola mais distante. Fazer isso o mais rápido possível, não dando tempo ao goleiro de se recuperar completamente.

Duração: duas séries, cada uma com cinco repetições (Figura 2.223).

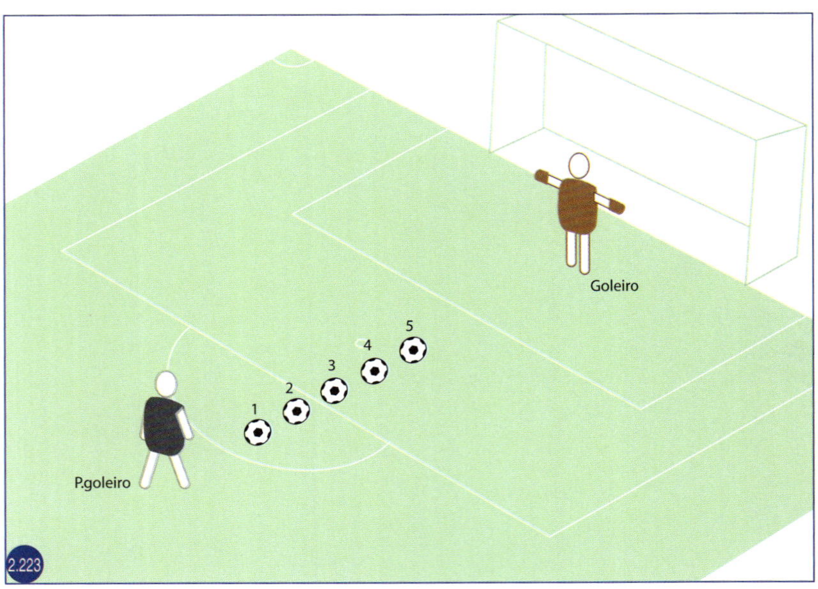

SITUAÇÕES DE JOGO – COLOCAÇÃO E POSICIONAMENTO

> O bom goleiro não é reconhecido por fazer saltos espetaculares, mas sim pela sua regularidade, segurança e colocação. (Abelha, 1999)

ESCANTEIO

Momento em que o adversário tem a oportunidade de fazer um gol por meio de uma bola parada e que para o goleiro é uma situação de extrema fragilidade, pois ela pode ser desviada para o seu gol tanto intencionalmente, por seus adversários, quanto ocasionalmente, por companheiros de equipe.

- O goleiro deverá se posicionar no centro do gol.
- As pernas deverão estar paralelas, e a perna da frente deverá estar diagonalmente apontada para o lado oposto do campo, podendo, assim, interceptar com rapidez as bolas que atinjam a segunda trave.
- Nesse momento, todos os fundamentos vistos entram como possibilidade de defesa, dando ênfase à saída de gol e ao soco, que geralmente são os mais utilizados.
- É muito comum os goleiros posicionarem jogadores na primeira e na segunda trave; isso dependerá do sistema de marcação imposto pelo treinador, das características de seus jogadores e das atitudes que o goleiro possui numa determinada partida, sendo ele o responsável por decidir todas as ações descritas, inclusive se sairá do gol para interceptar a bola ou não (Figura 2.224).
- Antes da cobrança do escanteio, o goleiro deverá orientar sua defesa para a marcação dos adversários e possíveis jogadas ensaiadas (Figura 2.225).
- Na cobrança do escanteio, o goleiro deverá atentar para em que pé predomina o chute do adversário, pois, dependendo dele, a trajetória da bola pode ou não mudar, por exemplo:
  - *escanteio do lado direito* – a trajetória do chute do destro tende a começar aberta e terminar fechada no final da trajetória; já a trajetória do chute do canhoto tende a começar fechada e terminar aberta no final (Figuras 2.226 e 2.227);
  - *escanteio do lado esquerdo* – segue as mesmas trajetórias, invertendo-se apenas os pés; agora, a trajetória do chute do canhoto tende a começar aberta e terminar fechada, e a do destro tende a começar fechada e terminar aberta (Figuras 2.128 e 2.229).

Visto o pé predominante do batedor, o goleiro poderá posicionar-se mais à frente da linha do gol, no caso de a trajetória da bola terminar aberta, ou mais próximo da linha do gol, caso a trajetória feche no final, diminuindo as chances de levar um gol olímpico e aumentando a possibilidade de interceptar uma jogada.

2.224

2.225

2.226

2.227

2.228

2.229

POSSÍVEIS ERROS NA EXECUÇÃO

- Posicionar-se muito atrás (Figura 2.230).
- Posicionar-se muito à frente (Figura 2.231).
- Posicionar-se de frente para o campo (Figura 2.232).
- Posicionar-se de frente para a lateral do campo (Figura 2.233).

2.230

2.231

2.232

2.233

EXERCÍCIOS INDICADOS

Materiais utilizados: dez bolas.

1 – *Goleiro*: posicionado ao centro do gol e ao comando do preparador de goleiros, deve correr em direção à primeira trave, tocando-a com a mão direita e, em seguida, voltar ao centro para que realize a defesa *escanteio*.

Preparador de goleiros: deve chutar ou jogar a bola toda vez que o goleiro tocar com a mão na primeira trave.

Duração: seis repetições de cada lado do campo (Figura 2.234).

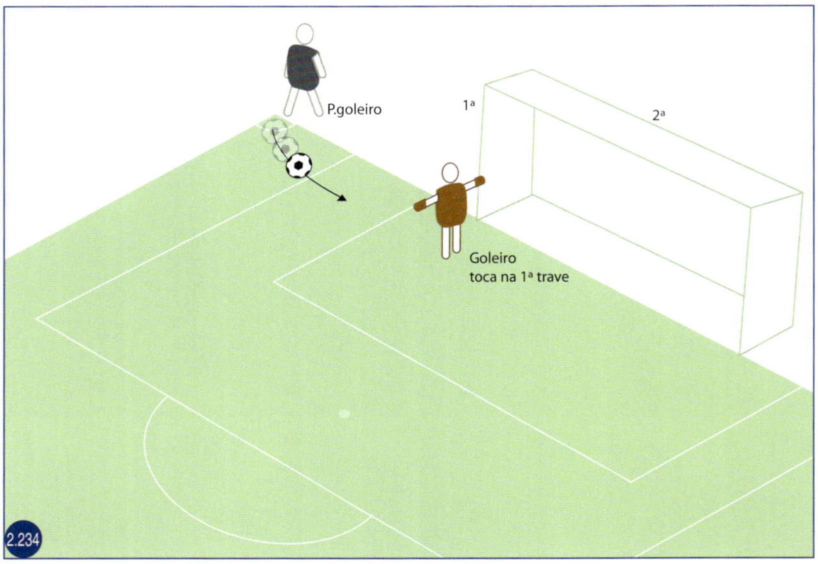

2 – *Goleiro*: posicionado no centro do gol e ao comando do preparador de goleiros, deve correr em direção ao cone, contornando-o, e, em seguida, voltar ao gol para que possa realizar a defesa *escanteio*.

Preparador de goleiros: deve chutar ou jogar a bola toda vez que o goleiro estiver contornado o cone.

Duração: seis repetições de cada lado do campo (Figura 2.235).

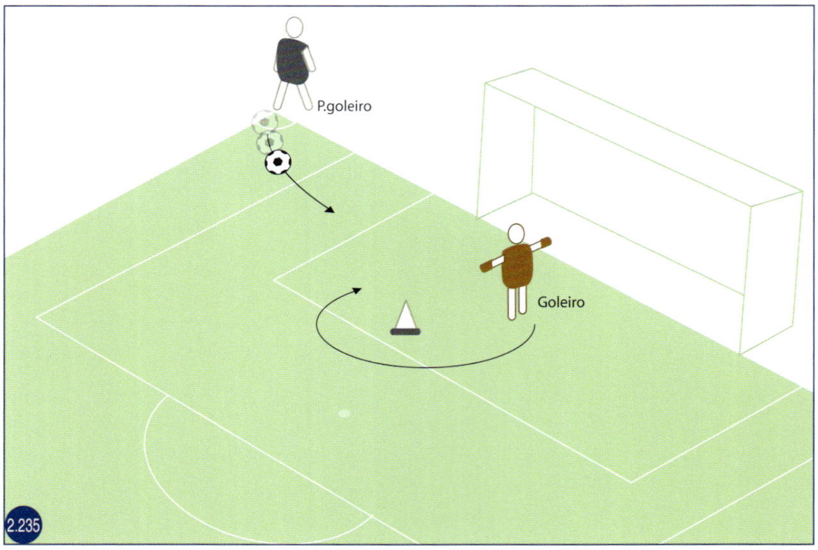

3 – *Goleiro*: Posicionado no centro do gol e ao comando do preparador de goleiros, deve realizar a defesa advinda de um chute frontal e, em seguida, posicionar-se no gol para realizar a defesa *escanteio*.

Preparador de goleiros: deve chutar ou jogar a bola toda vez que o goleiro estiver posicionado ao centro do gol.

Duração: quatro repetições de cada lado do campo (Figura 2.236).

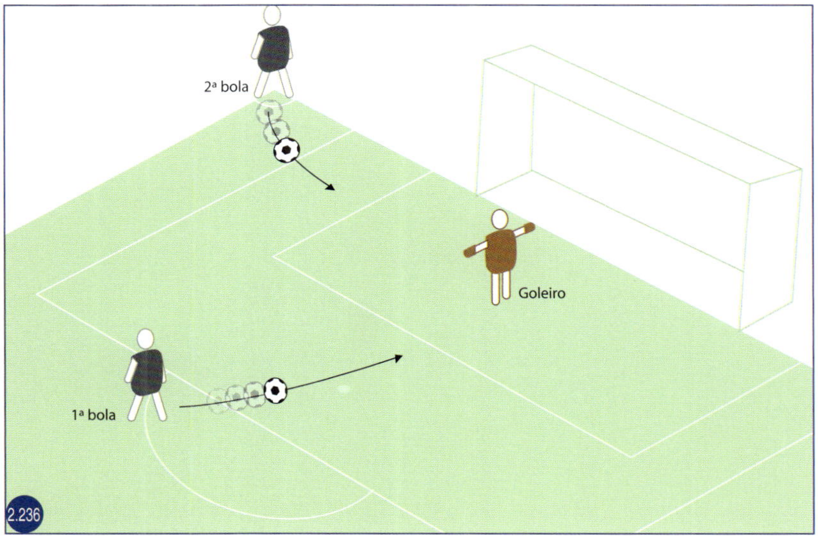

2.236

4 – *Goleiro*: posicionado no gol e ao comando do preparador de goleiros, deve correr em direção ao bambolê da sua esquerda, contornando-o da esquerda para a direita e, em seguida, correndo à frente dos bambolês para que possa realizar a defesa *escanteio*; após o término da defesa, deve retornar à posição inicial e realizar os mesmos procedimentos para o lado oposto.

Preparador de goleiros: deve chutar ou jogar a bola toda vez que o goleiro estiver contornado o bambolê.

Duração: quatro repetições de cada lado do campo (Figura 2.237).

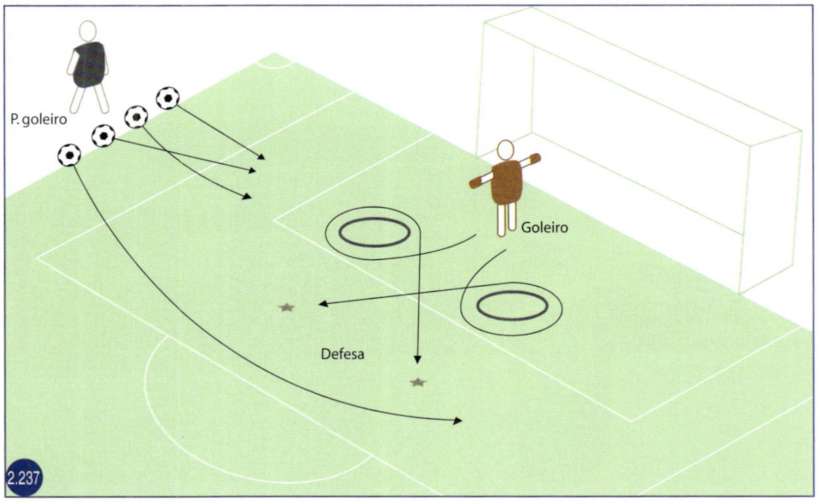

2.237

5 – *Goleiro*: deve, ao comando do preparador de goleiros, saltar os cones e correr para o centro do gol, onde realizará a defesa *escanteio*; após o término da defesa, deve realizar os mesmos procedimentos para o lado oposto.

Preparador de goleiros: deve chutar ou jogar a bola toda vez que o goleiro estiver chegando ao centro do gol.

Duração: quatro repetições de cada lado do campo (Figura 2.238).

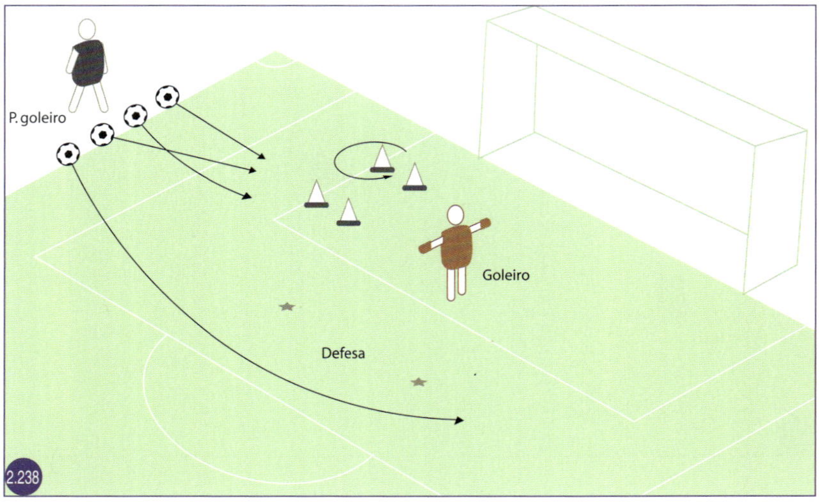

2.238

PÊNALTI

O posicionamento no momento da penalidade é um fator extremamente particular do goleiro, e cada um possui uma técnica própria. Existem, porém, alguns detalhes que podem ser observados: o posicionamento dos pés, a direção dos olhos e a velocidade com que o adversário vai de encontro à bola (Figura 2.239). Um estudo estimou que a velocidade média da bola em cobranças de pênaltis na Copa de 2002 foi de 115 km/h. Com essa velocidade, a bola levava 340 m/s para chegar ao gol, ou seja, para conseguir realizar a defesa, o goleiro precisava escolher sua posição antes disso (Bigatão et al., 2003).

Para os goleiros profissionais, a mídia é uma grande aliada, já que é possível analisar lances de outros jogos, estudando o adversário e aperfeiçoando seus conhecimentos.

2.239

Formação de barreira

O goleiro deverá orientar sua barreira de acordo com a distância e a posição em que a bola se encontra, não existindo um padrão correto na formação; isso dependerá muito dos jogadores da equipe, das modificações impostas pelos treinadores e, principalmente, das atitudes e percepções que cada goleiro possui no momento da partida (Figura 2.240).

2.240

Entretanto, mostraremos aqui o modo que analisamos ser o mais aconselhável:

- Quanto mais próxima do gol for a falta marcada, maior será o número de defensores na barreira, podendo ser de um a cinco defensores para faltas que ocorram do meio-campo ao limite da grande área.
- Para faltas consideradas como jogadas perigosas dentro da grande área, o número de jogadores na barreira deverá ser acima de cinco.
- O primeiro defensor da barreira é a base; será ele que ouvirá as instruções do goleiro, modificando o posicionamento da barreira, se deverá ser mais para a esquerda ou mais para a direita. A característica desse defensor é estatura baixa a mediana, apenas para impedir a passagem com curva da bola feita pelo lado de fora da barreira.
- O segundo e o terceiro defensor deverão ser os mais altos da barreira, impedindo que a trajetória da bola passe por cima, atingindo o canto superior do gol.
- Os outros defensores, independentemente de quantos forem, podem ser de diferentes estaturas.
- Observar para saber quem irá chutar a bola (Figura 2.241).
- Ao lado da trave, dentro do gol ou em frente a ela, o goleiro deverá organizar seus defensores, visualizando a bola entre o primeiro e o segundo defensor da barreira.
- Orientar a barreira com gestos e frases fáceis de compreender (Figura 2.242).

- Orientar seus defensores caso perceba possíveis jogadas ensaiadas (Figura 2.243).
- Depois de organizada a barreira, o goleiro deverá se posicionar no canto oposto, procurando, sempre que possível, obter visão total ou parcial da bola.
- O goleiro deve posicionar-se de frente para a bola (Figura 2.244).

2.241

2.243

2.244

2.242

Possíveis erros na execução

- Organizar a barreira de maneira errada ou não orientá-la para correção de falhas no posicionamento (Figura 2.245).
- Posicionar-se do lado de fora no momento em que organiza a barreira (Figura 2.246).
- Posicionar-se atrás da barreira ou tentar adivinhar aonde a bola irá, possibilitando ao adversário um chute no seu canto de defesa (Figura 2.247).

2.245

2.246

2.247

Exercícios indicados

Materiais utilizados: seis bolas, duas estacas, pano preto e fita para amarrar, barreira móvel e/ou humana.

1 – *Goleiro*: posicionado no gol de costas e ao comando do preparador de goleiros, deve saltar girando seu corpo a 180°, para que fique de frente para o campo, e, em seguida, realizar a defesa *cobrança de falta*.

Preparador de goleiros: deve dar o comando ao goleiro e, em seguida, chutar ou jogar a bola, variando a direção em que ela deve ir ao gol.

Duração: seis repetições, três de cada lado do campo (Figura 2.248).

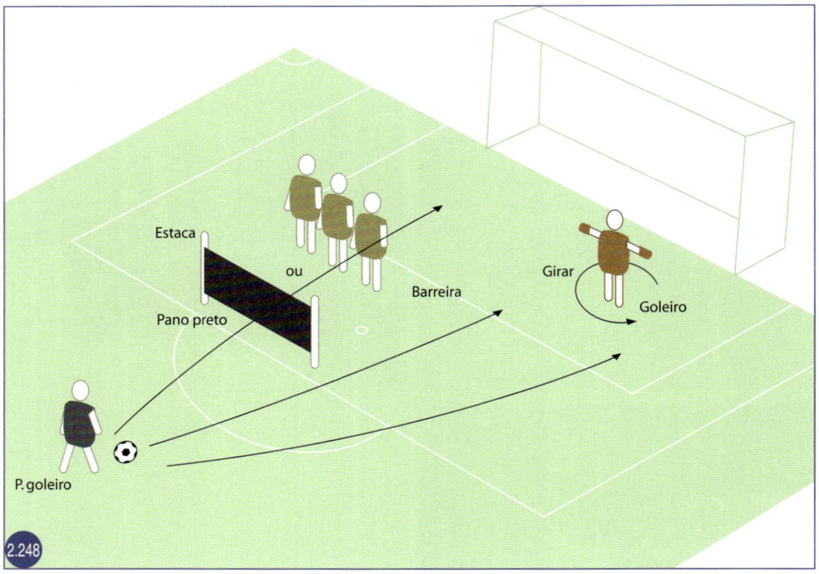

2.248

2 – *Goleiro*: posicionado no gol de costas e ao comando do preparador de goleiros, deve saltar girando seu corpo a 180°, para que fique de frente para o campo, e, em seguida, realizar a defesa *cobrança de falta*.

Preparador de goleiros: deve dar o comando ao goleiro e, em seguida, chutar ou jogar a bola em direção ao canto oposto do goleiro.

Duração: seis repetições, três de cada lado (Figura 2.249).

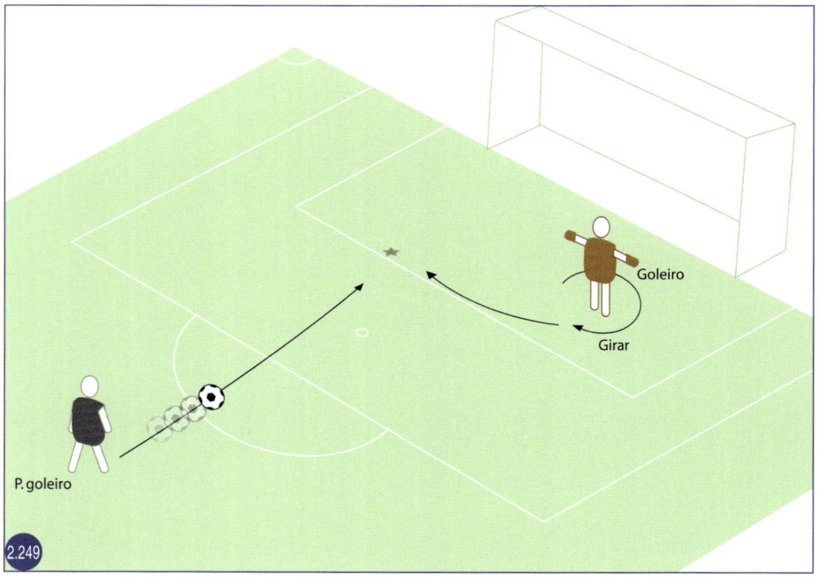

2.249

3 – *Goleiro*: posicionado no gol e ao comando do preparador de goleiros, deverá realizar a defesa *cobrança de falta*.

Preparador de goleiros: deve chutar ou jogar a bola no mesmo canto do gol em que o goleiro estiver.

Duração: seis repetições, três de cada lado do campo (Figura 2.250).

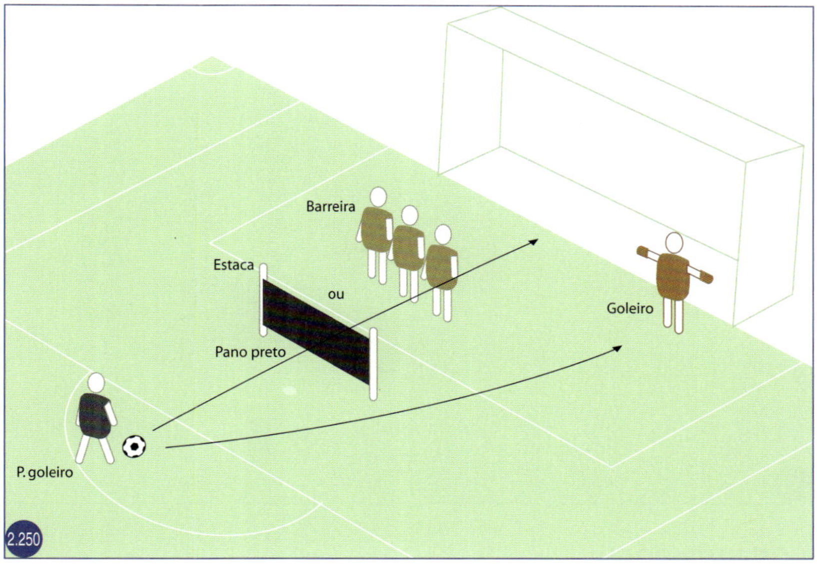

4 – *Goleiro*: posicionado no gol e ao comando do preparador de goleiros, deverá realizar a defesa *cobrança de falta*.

Preparador de goleiros: deve chutar ou jogar a bola de uma falta próxima.

Duração: seis repetições, três de cada lado (Figura 2.251).

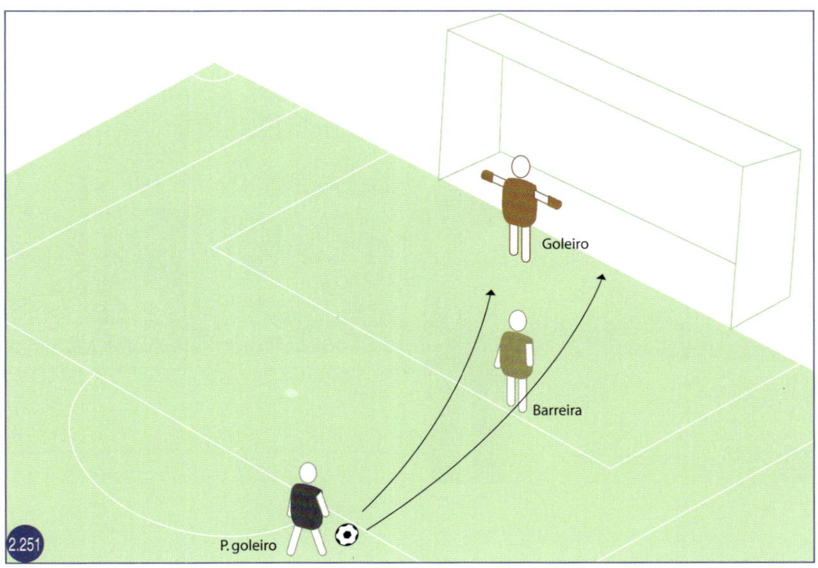

5 – *Goleiro*: posicionado no gol e ao comando do preparador de goleiros, deverá realizar a defesa *cobrança de falta*.

Preparador de goleiros: deve chutar ou jogar a bola de uma falta próxima à linha de fundo.

Duração: seis repetições, três de cada lado (Figura 2.252).

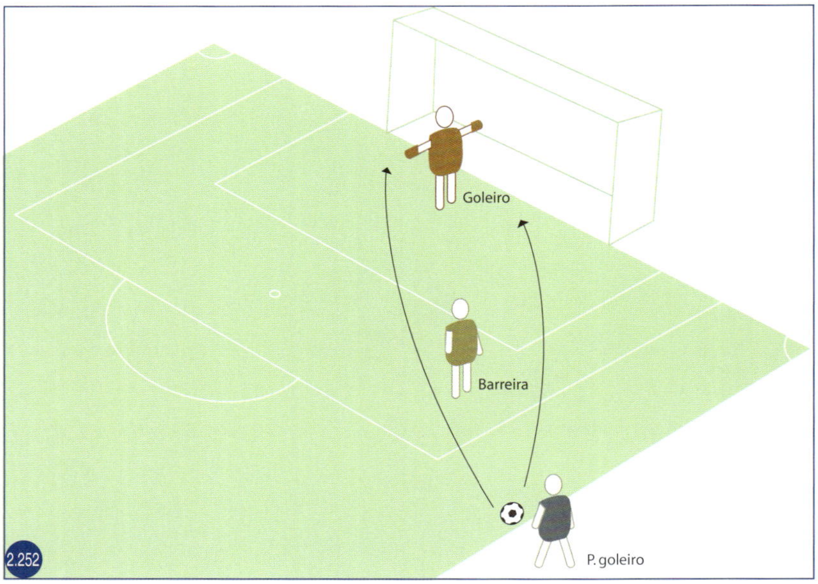

2.252

COMANDO E ORIENTAÇÕES

Outra função que o goleiro exerce durante uma partida é de ter a responsabilidade de ser um técnico dentro de campo, passando orientações para sua equipe e principalmente para seu sistema defensivo, comunicando-se com frases curtas e de fácil entendimento (Figura 2.253).

2.253

Situações mais comuns para orientações:

- Avisar que está saindo do gol em bolas altas ou rasteiras; orientar, nesse caso, com palavras como: "eu saí, minha".
- Orientar seus defensores para jogadas em que os adversários estão desmarcados nas diversas partes do campo defensivo; orientar, nesse caso, primeiramente o seu defensor pelo nome ou pelo apelido e pedir para ele se deslocar para a região onde o adversário se encontra desmarcado.
- Orientar quando a sua equipe está sem a sobra de defensores ou quando há dois adversários para um defensor de sua equipe.
- Orientar, nas cobranças de escanteio, o posicionamento da equipe na marcação de seus adversários.
- Orientar para a equipe sair de perto de sua área na recuperação da posse da bola, deixando alguns adversários na forma de impedimento; nesse caso, usar palavras como "saí, diminuiu".
- Orientar sua barreira nas faltas contra sua equipe, pedir a quantidade de defensores que deseja que fiquem na barreira e orientá-los na posição adequada; para os defensores que estão marcando, orientar para sair da área nas cobranças de bolas alçadas ou para que permaneçam na marcação.

(B) Técnicas ofensivas

Diferentemente das dos demais jogadores, as técnicas ofensivas do goleiro são um meio de chegar ao gol, e não o fim; a intenção é proporcionar à equipe uma chance de contra-atacar com eficiência.

- **Reposição de bola**

A reposição de bola pode ser realizada das seguintes maneiras:

- com as mãos;
- com os pés – bola do chão, tiro de meta;
- com os pés – bola de cima, movimento de quebrada ou "sai não".

Reposição com as mãos

É o fundamento em que o goleiro coloca a bola em jogo com uma precisão de passe muito mais fácil para o companheiro de equipe dominar a bola.

A reposição de bola com as mãos pode ser feita por baixo ou pelo alto, dependendo de onde se encontra o companheiro de equipe. Se estiver próximo, o ideal é que a bola seja jogada por baixo. O movimento deve ser executado da seguinte forma:

- direcionar o corpo para o local desejado;
- num movimento anteroposterior de pernas, utilizar a perna esquerda à frente quando for lançar a bola com o braço direito e a perna direita à frente quando for lançar com o braço esquerdo;
- segurar a bola utilizando a mão e o antebraço;
- num movimento de pêndulo, levar a bola para trás (Figura 2.254);
- trazer a bola para frente;
- soltar a bola no momento em que o braço estiver ao lado da perna da frente (Figura 2.255);
- lançar a bola de maneira que ela chegue fácil para o companheiro de equipe dominá-la (Figura 2.256);

2.255

2.254

2.256

Se o companheiro de equipe estiver mais longe, dever-se-á lançar a bola com as mãos por cima. O movimento deve ser realizado da seguinte forma:

- num movimento anteroposterior de pernas, utilizar a perna esquerda à frente quando for lançar a bola com o braço direito e com a perna direita à frente quando for lançar com o braço esquerdo;
- utilizar deslocamentos como corridas e passadas coordenadas a fim de atingir maiores distâncias (Figura 2.257);
- segurar a bola entre a mão e o antebraço, rotacionando por sobre o ombro (Figura 2.258);
- arremessar a bola quando o posicionamento do braço estiver passando ao lado da cabeça (Figura 2.259);
- inclinar o corpo à frente no momento da execução do movimento;
- para que a trajetória seja mais alta, o goleiro deverá lançar a bola no momento em que o braço de execução estiver rotacionando atrás;
- para que a trajetória da bola seja mais baixa, o goleiro deverá inclinar o tronco mais à frente, lançando a bola no momento em que o braço de execução passar à frente da linha do corpo;
- o braço contrário dará sustentação e direção, estendendo-se à frente no início e sendo puxado para trás durante a execução do braço atuante;
- o movimento se completa com a continuação de algumas passadas à frente (Figura 2.260).

2.257

2.258

2.259

2.260

POSSÍVEIS ERROS NA EXECUÇÃO

- Não coordenar o movimento, deixando a bola escapar de sua mão (Figura 2.261).
- Não utilizar a perna correta à frente (Figura 2.262).
- Soltar a bola tardiamente, fazendo sua trajetória sair muito baixa, indo em direção ao solo (Figura 2.263).
- Não rotacionar o braço por sobre o ombro, movimento utilizado no futsal (Figura 2.264).
- Segurar a bola somente com a palma da mão (Figura 2.264).

2.261

2.262

2.263

2.264

EXERCÍCIOS INDICADOS

Materiais utilizados: seis cones e doze bolas.

1 – *Goleiro*: lançar a bola tentando acertar os cones.

Preparador de goleiros: posicionar os cones.

Duração: seis repetições para cada braço (Figura 2.265).

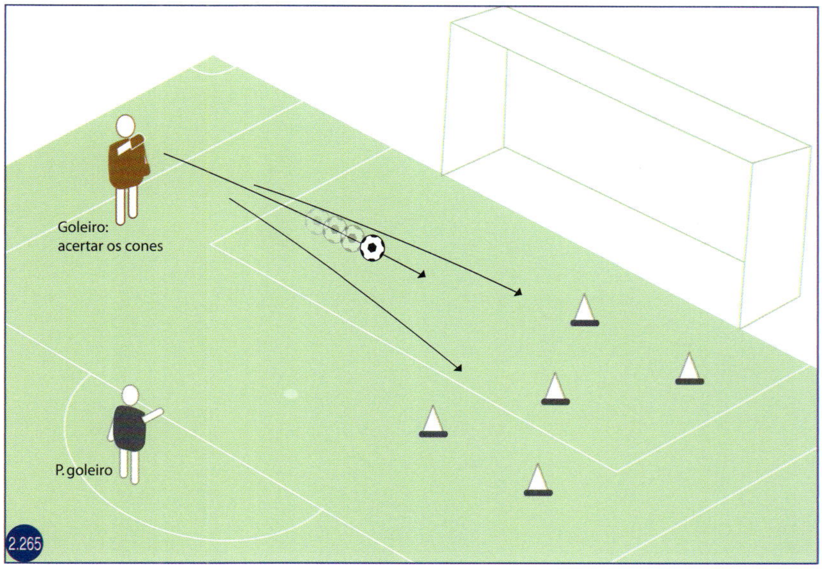

2 – *Goleiro*: realizar a defesa *pegada* e, em seguida, lançar a bola tentando acertar dentro dos gols feitos por cones.

Preparador de goleiros: chutar ou jogar a bola para o goleiro realizar a defesa.

Duração: seis repetições para cada braço (Figura 2.266).

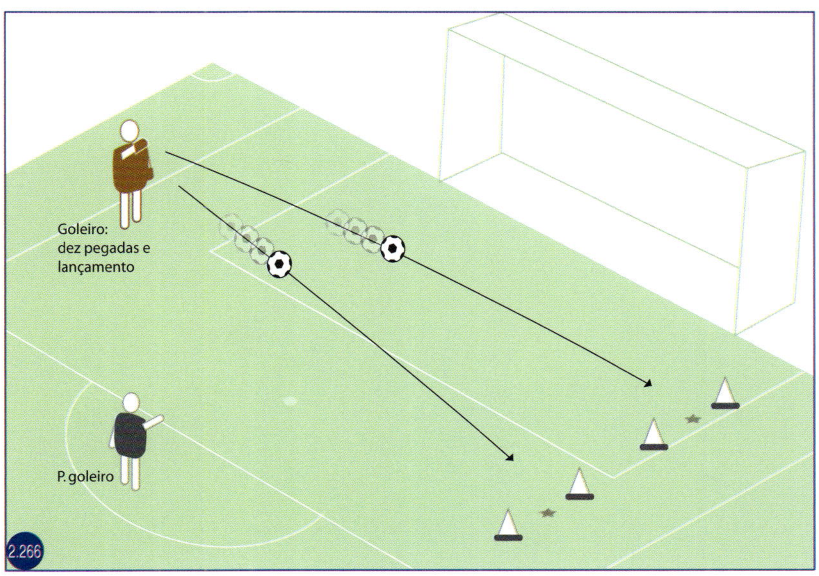

3 – *Goleiro*: realizar a saída de gol de uma bola vinda da lateral do campo e, em seguida, lançar a bola tentando acertar dentro dos gols feitos por cones.

Preparador de goleiros: chutar ou jogar a bola para o goleiro realizar a defesa.

Duração: seis repetições para cada braço (Figura 2.267).

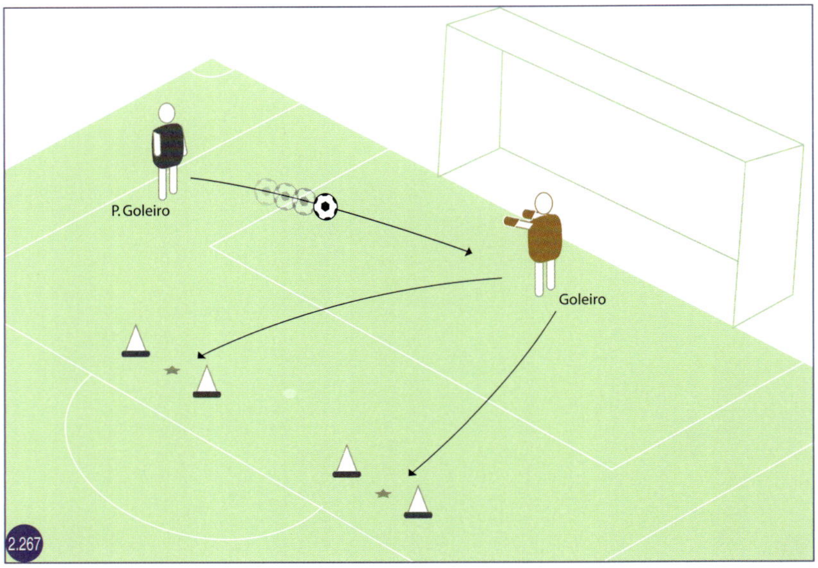

2.267

4 – *Goleiro*: deve saltar os cones posicionados à sua frente e correr em direção do meio dos cones posicionados à sua direita para realizar a defesa *cama*; em seguida, lançar a bola no gol feito por cones posicionados na lateral direita do campo. Ao término do lançamento, voltar à posição inicial e realizar os mesmos procedimentos para o lado oposto.

Preparador de goleiros: deve chutar ou jogar a bola para que o goleiro realize a defesa.

Duração: seis repetições, três para a direita, lançando a bola com o braço direito, e três para a esquerda, lançando a bola com o braço esquerdo (Figura 2.268).

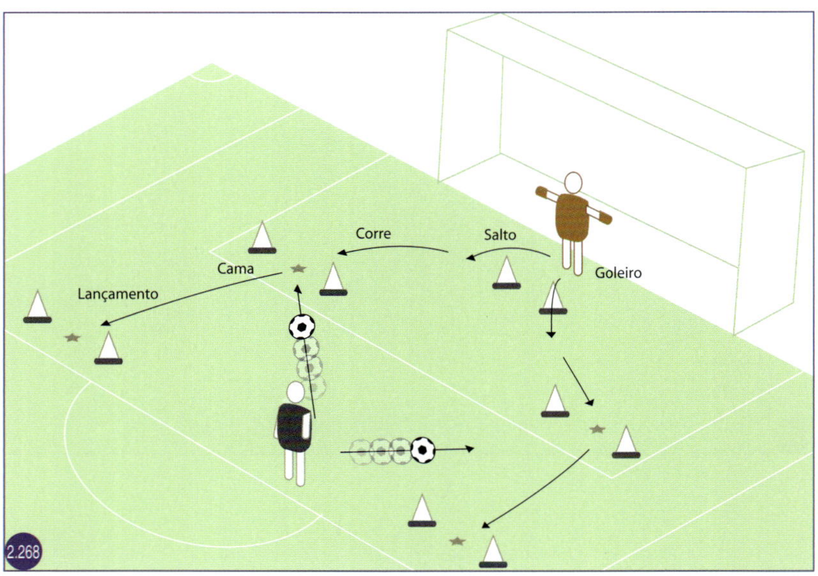

2.268

5 – *Goleiro*: lançar a bola no gol de acordo com as numerações estipuladas pelo preparador de goleiros.

Preparador de goleiros: estipular local e número de pontos por lançamento acertado.

Duração: seis repetições para cada braço (Figura 2.269).

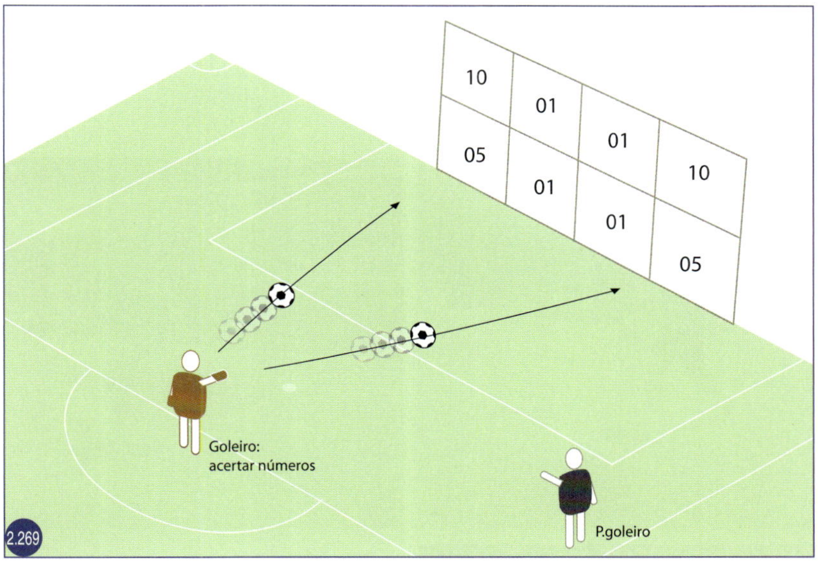

Reposição de cima com os pés, "quebrada ou sai não"

Esse fundamento ofensivo do goleiro foi um dos que mais evoluíram no futebol moderno e dinâmico que vemos hoje. Antigamente, os goleiros pegavam a bola com as mãos e apenas a colocavam em jogo *quebrada* de uma forma simples, jogando e chutando a bola para o alto e a frente, tirando-a do seu campo defensivo.

Mas hoje isso mudou! O goleiro deve ter em mente que essa jogada deve resultar em um passe rápido e preciso, passando de um defensor para um ofensor no jogo.

Quebrada

- A bola é segurada com uma ou duas mãos, jogada à frente "até a altura do abdômen" e, em seguida, chutada para frente (Figura 2.270).
- Com esse movimento, o goleiro apenas direciona a bola para o campo ofensivo; além disso, a trajetória da bola é muito alta, o que facilita a marcação adversária e dificulta o domínio de bola de seu companheiro (Figuras 2.271 e 2.272).

2.270

2.271

2.272

SAI NÃO

A origem do nome não se sabe ao certo, mas muitos dizem que o "sai não" seria uma brincadeira de autoafirmação do goleiro em sua técnica de reposição de bola.

- Segurar a bola com a mão contrária ao pé que irá executar o chute (Figura 2.273).
- Levá-la diagonalmente à frente, estendendo o braço (Figura 2.274).
- Inclinar o corpo, levando o pé em direção à mão que está segurando a bola (Figura 2.275).
- Soltar a bola para fazer a batida *movimento de voleio* (Figura 2.276).

2.273

2.274

2.275

2.276

- No momento da execução do chute, o dorso e a parte externa do pé devem tocar na bola, considerado o gesto mais eficaz, pois a bola irá rápida e rasante, facilitando o domínio (Figuras 2.277 e 2.278).
- O goleiro deve aproveitar os espaços da grande área para repor a bola (Figura 2.279).
- O movimento se completa com a perna de execução do chute indo à frente (Figura 2.280).

2.277

2.278

2.279

2.280

POSSÍVEIS ERROS NA EXECUÇÃO

- Soltar a bola muito alta (Figura 2.281).
- Soltar a bola muito baixa (Figura 2.282).
- Soltar a bola muito à frente (Figura 2.283).
- Soltar a bola com as duas mãos (Figura 2.284).
- Não soltar a bola com a mão correta (Figura 2.284).

2.281

2.282

2.283

2.284

Exercícios indicados

Materiais utilizados: dez bolas, quatro cones e dois bambolês.

1 – *Goleiro*: ao comando do preparador de goleiros, deve chutar a bola posicionada no ápice do cone.

Preparador de goleiros: deve posicionar a bola no ápice do cone.

Duração: cinco repetições com cada perna (Figura 2.285).

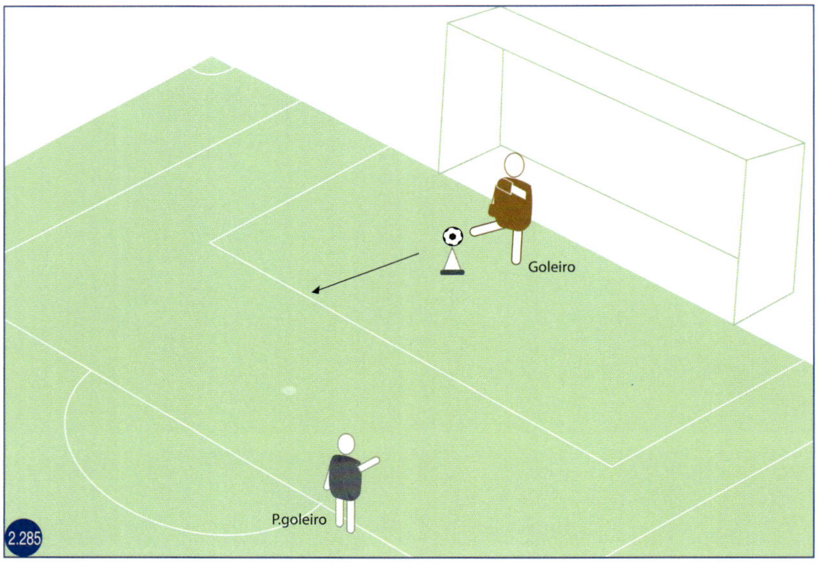

2.285

2 – *Goleiro*: ao comando do preparador de goleiros, deve chutar a bola jogada por ele; deverá realizar um movimento parecido com o voleio do jogador de linha.

Preparador de goleiros: deve jogar a bola um pouco à frente da linha da cintura do goleiro.

Duração: cinco repetições com cada perna (Figura 2.286).

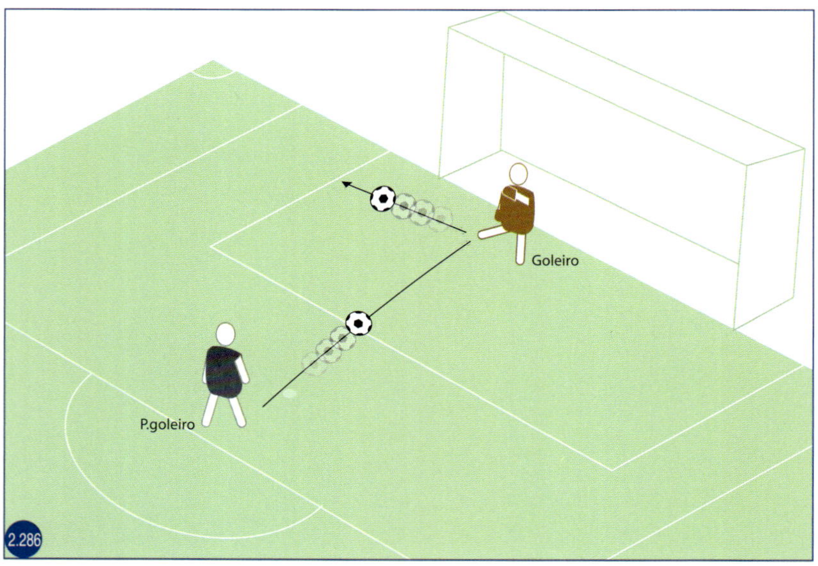

2.286

3 – *Goleiro*: ao comando do preparador de goleiros, deve chutar a bola, tentando acertar o bambolê.

Preparador de goleiros: deve segurar o bambolê acima de sua cabeça com os braços estendidos e precaver-se contra chutes errados do goleiro.

Duração: cinco repetições com cada perna (Figura 2.287).

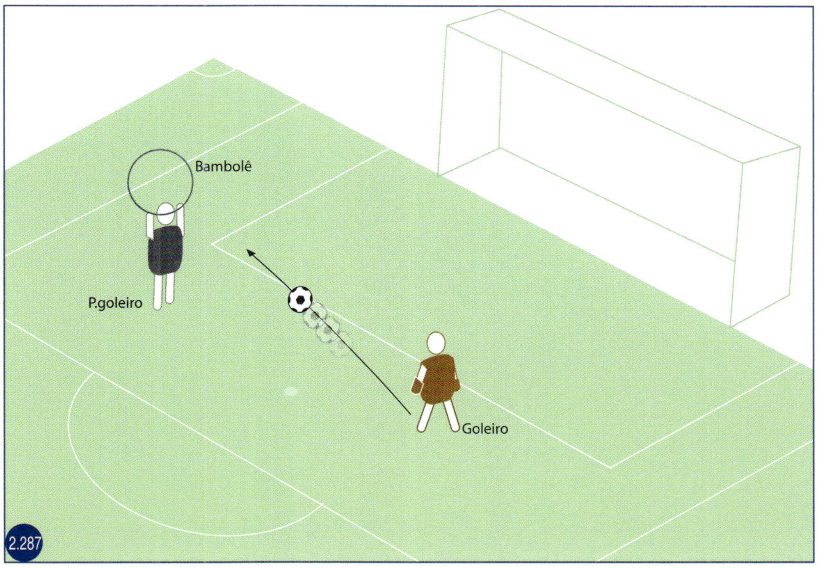

4 – *Goleiro*: ao comando do preparador de goleiros, deve chutar a bola, tentando acertar dentro do bambolê indicado.

Preparador de goleiros: dar o comando para que o goleiro saiba em que bambolê deverá acertar.

Duração: cinco repetições com cada perna (Figura 2.288).

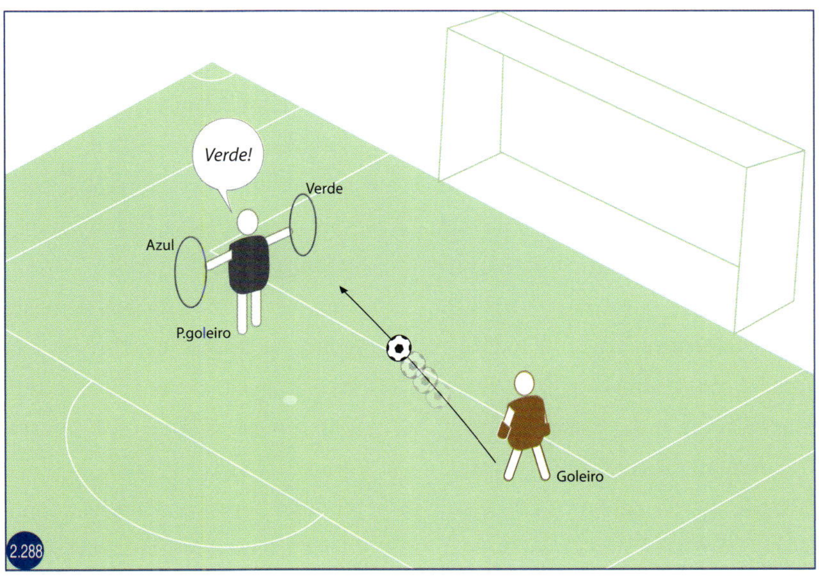

5 – *Goleiro*: posicionado no gol, deverá chutar a bola, tentando acertar dentro dos gols feitos por cones posicionados nas laterais do campo.

Preparador de goleiros: posicionar os cones no campo.

Duração: cinco repetições com cada perna (Figura 2.289).

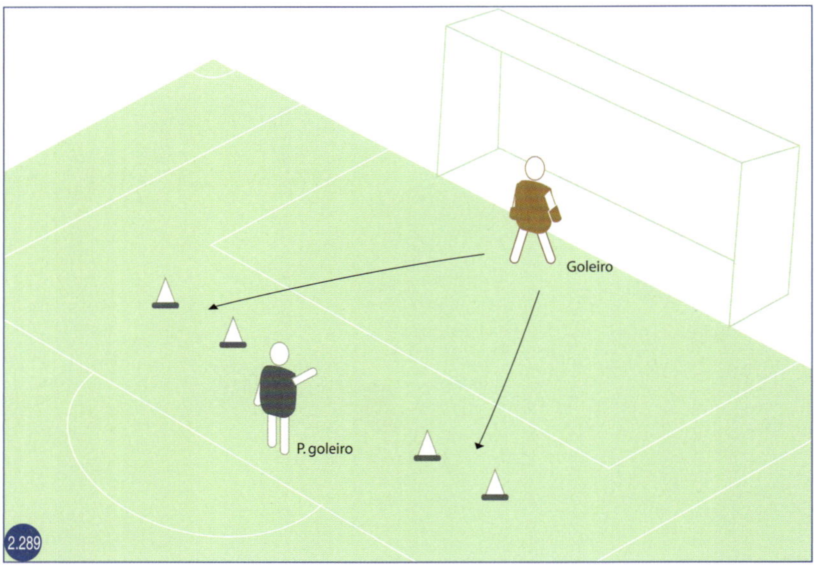

2.289

Reposição com os pés: cobrança do tiro de meta

Fundamento em que o goleiro repõe a bola em jogo, podendo possibilitar o domínio da posse de bola para sua equipe.

- O posicionamento do pé no momento do chute é essencial, porém, não encontramos um padrão que possa ser considerado como único e correto.
- Quando a equipe adversária estiver recuada e os seus companheiros de equipe estiverem livres, poderá sair jogando com um passe rasteiro.
- Quando seus companheiros de equipe estiverem livres nas laterais do campo, poderá sair jogando com um passe alto.
- Quando o adversário estiver marcando a saída de bola de sua equipe, deverá repor a bola em direção ao campo ofensivo, com um chute forte em que a trajetória da bola seja alta e direcionada a um dos seus companheiros de equipe no campo ofensivo (Figura 2.290 a 2.293).
- Arrumar a bola num local elevado ou plano, sempre procurando tirá-la de buracos, pedras ou algo que possa atrapalhar o chute (Figura 2.294).
- Momentos antes, deve observar a marcação adversária, podendo escolher a jogada mais segura (Figura 2.295).
- Treinar diversas formas de deslocamentos (diagonal ou frontal) em direção à bola e diferentes maneiras de chute (parte interna ou dorso do pé), até que se encontre um padrão eficaz (Figura 2.295).
- O movimento se completa com algumas passadas à frente (Figura 2.296).

2.290

2.291

2.292

2.293

2.294

2.295

2.296

POSSÍVEIS ERROS NA EXECUÇÃO

- Repor a bola com o adversário próximo.
- Repor a bola nas costas do companheiro em movimento.
- Não tirar a bola de buracos no campo.
- Não observar a marcação adversária antes do chute.
- Não obter a altura ideal na execução do chute.

EXERCÍCIOS INDICADOS

Materiais utilizados: dez bolas e quatro cones.

1 – *Goleiro*: ao comando do preparador de goleiros, deve dominar a bola chutada em sua direção e, em seguida, chutá-la o mais longe e alto possível.

Preparador de goleiros: deve tocar a bola para o goleiro.

Duração: cinco repetições com cada perna (Figura 2.297)

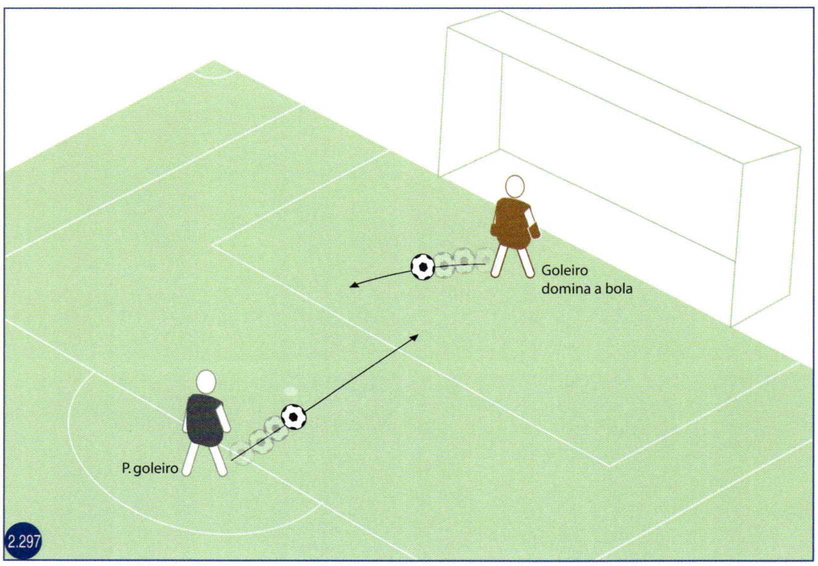

2 – *Goleiro*: posicionar quatro bolas, duas em cada lado da pequena área e, em seguida, chutar as bolas posicionadas do lado direito da pequena área, tentando acertar o gol feito por cones na lateral direita do campo; realizar o mesmo procedimento do lado oposto.

Preparador de goleiros: deve corrigir os possíveis erros de execução.

Duração: quatro repetições com cada perna (Figura 2.298).

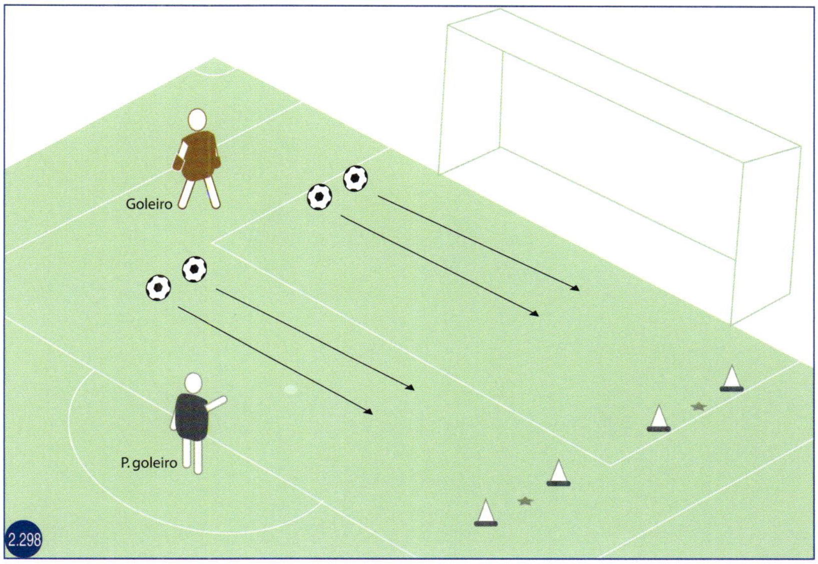

3 – *Goleiro*: posicionar quatro bolas, duas em cada lado da pequena área e, em seguida, chutar as bolas posicionadas do lado direito da pequena área, tentando acertar o gol feito por cones na lateral esquerda do campo; realizar o mesmo procedimento do lado oposto.

Preparador de goleiros: deve corrigir os possíveis erros de execução.

Duração: quatro repetições com cada perna (Figura 2.299).

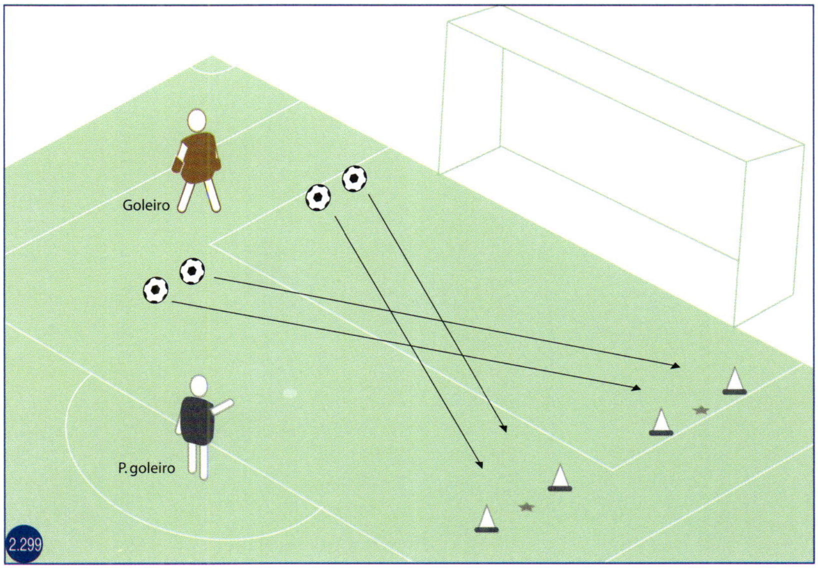

4 – *Goleiro*: ao comando do preparador de goleiros, deverá defender o chute frontal ao seu gol; em seguida, posicionar a bola em um dos lados da pequena área para realizar o tiro de meta, tentando acertar o gol feito por cones, alternando o lado a cada chute.

Preparador de goleiros: deve chutar ou jogar a bola em direção ao gol.

Duração: seis repetições, sendo três tentativas de chutes para cada lado (Figura 2.300).

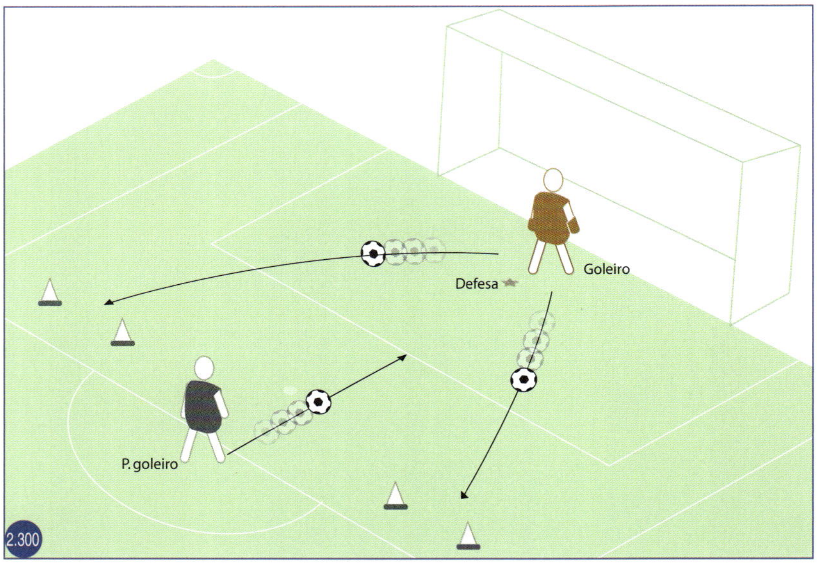

2.300

5 – *Goleiro*: ao comando do preparador de goleiros, deve defender o chute vindo da lateral do campo; em seguida, deve posicionar a bola em um dos lados da pequena área para realizar o tiro de meta, tentando acertar o gol feito por cones, alternando o lado a cada chute.

Preparador de goleiros: deve chutar ou jogar a bola da lateral do campo em direção ao gol.

Duração: seis repetições, sendo três tentativas de chutes para cada lado (Figura 2.301).

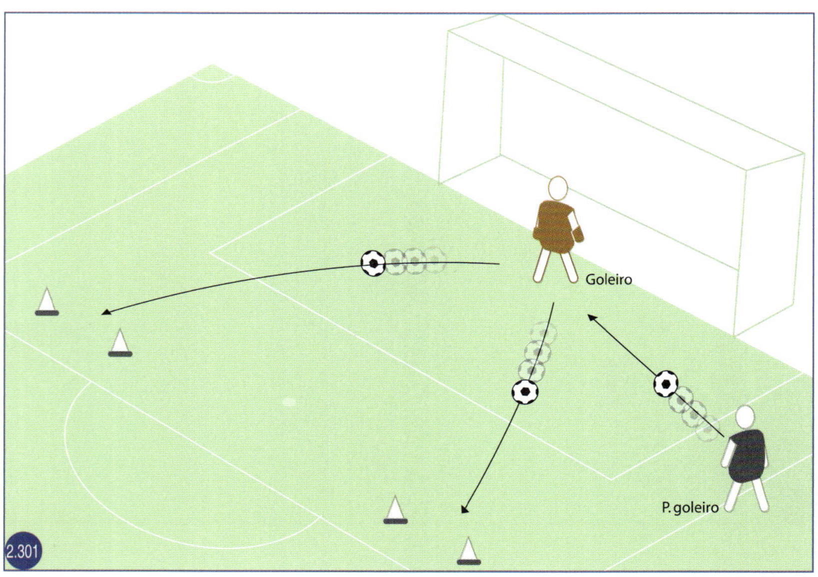

2.301

Referências

Abelha, J. B. L. *Treinamento de goleiro:* Técnico e físico. São Paulo: Ícone, 1999. 24 p.

Bigatão, H.; Morya, E.; Ranvaud, R. An Analysis of Penalty Kicks in the 2002 Soccer World Cup. *Motriz*, v. 9, n. 1, p. S107, jan./abr. 2003. Suplemento.

Bojikian, J. C. M.; Bojikian, L. P. *Ensinando voleibol*. 4. ed. ampl. e rev. São Paulo: Phorte, 2008. 49 p.

Freire, J. B. *Pedagogia do futebol*. Campinas: Autores Associados, 2003.

Magill, R. *Aprendizagem motora*: conceitos e aplicações. 2. ed. São Paulo: Edgard Blücher, 1984.

Navarro, M. et al. *Efeito do estresse na precisão de chutes de um atleta de elite*. Disponível em: <http://www.rbceonline.org.br/congressos/index.php/CONBRACE/XVI/paper/viewFile/742/766, data.>. Acesso em: 10 jul. 2010.

Platonov, V. N. *Tratado geral do treinamento desportivo*. São Paulo: Phorte, 2008.

Públio, N.; Tani, G. Aprendizagem de habilidades motoras seriadas da ginástica olímpica. *Rev. Paul. Edu. Fís.*, v. 7, n. 1, p. 58-68, 1993.

Shidoji, K.; Matsunaga, K. Reaction Times for Fine Discrete Movements. *Percep. Mot. Skills*, Missoula, v. 72, p. 595-602, 1991.

Schmidt, R. A. *Motor Control and Learning*: A Behavioral Emphasis. 2. ed. Champaign: Human Kinetics, 1988.

Zakharov, A. *Ciência do Treinamento Desportivo*. Rio de Janeiro: Palestra, 1992.

3

Preparação física

Renê Drezner
José Alberto Aguilar Cortez

A área da preparação física no futebol é um dos temas mais abordados nas pesquisas científicas. Apesar, porém, do grande número de estudos publicados, não são encontrados muitos artigos científicos com ênfase no trabalho de preparação específica do goleiro. A maior parte da literatura é composta por textos escritos por profissionais da área que relatam as suas experiências profissionais e as suas respectivas metodologias de trabalho.

Este capítulo tem como base artigos técnicos encontrados principalmente em *sites* acessados em 2010. São textos escritos por preparadores de goleiros de equipes profissionais da Europa (como Gianluca Spinelli, do Genoa, da Itália, Claudio Rapacioli, ex-preparador do Brescia e Piacenza e presidente da associação de treinadores de goleiros da Itália, e Bruno Martini, da seleção francesa). Inclui também as experiências observadas nas categorias de base por Luca Squinzani, preparador do Torino, da Itália, além das de professores que relacionam as suas experiências profissionais com estudos teóricos sem pesquisas com metodologia definida. Além dos artigos citados, várias pesquisas científicas foram consultadas (principalmente relacionadas com futebol) para complementar os tópicos.

Serão abordados dois temas fundamentais de preparação de goleiros: o trabalho de formação e prevenção de lesões, e a metodologia para o aprimoramento do desempenho. Antes da abordagem dos temas citados, será desenvolvido um tópico visando caracterizar a sobrecarga dos movimentos do goleiro. Todas as informações da preparação serão baseadas nos movimentos específicos de jogo e treinamento.

CARACTERIZAÇÃO DA SOBRECARGA DOS MOVIMENTOS DOS GOLEIROS

O trabalho do goleiro é composto por movimentos de duração muito curta e, na maioria das vezes, de grande intensidade. Durante os jogos, os goleiros realizam poucas intervenções; por exemplo, na Copa do Mundo de Futebol de 2002, os goleiros realizaram, em média, 23,4 ações defensivas por jogo (Sainz de Baranda et al., 2008), ao contrário dos treinamentos, em que eles são bastante solicitados. As ações realizadas nos jogos e treinamentos utilizam grande variação de gestos com a utilização de todos os segmentos corporais (membros inferiores, tronco e membros superiores). Entretanto, são poucos os estudos que analisam, de maneira específica, a sobrecarga representada pelos movimentos realizados pelos goleiros. O próximo tópico tem como objetivo analisar os gestos fundamentais (saltos, acelerações etc.) e as ações técnicas (chutes, lançamentos com as mãos etc.).

SOBRECARGA NO SALTO

Existem vários tipos de saltos nos movimentos esportivos. Desde os saltos horizontais e verticais, classificados como simples, até os saltos das provas de atletismo, que são considerados como de extrema complexidade. Os diferentes tipos de movimento geram diferentes tipos e magnitudes de sobrecarga. Segundo Aura e Vitassalo (1989), todos os saltos exigem mais força, com tempo de contato no solo menor, que os outros movimentos da vida diária, como caminhada, corrida e pedalada.

A sobrecarga, nesse tipo de gesto, ocorre em dois momentos: na decolagem e na aterrissagem. A sobrecarga da decolagem provoca grande ativação dos músculos quadríceps (anteriores das coxas) e gastrocnêmios (panturrilha). Já na aterrissagem, a sobrecarga pode atingir as estruturas passivas do aparelho locomotor (ossos, ligamentos e tendões), e os músculos atuam com o objetivo de absorver a sobrecarga gerada pelo movimento. Assim, os músculos quadríceps serão ativados para frear o movimento, e os músculos das articulações dos tornozelos (gastrocnêmios e tibiais anteriores) vão contrair ao mesmo tempo (cocontração), com o objetivo de estabilizar as articulações.

Na realização dos gestos específicos do goleiro, o salto aparece em duas situações: nas defesas precedidas de salto e nas saídas de gol para interceptação de bolas aéreas. O movimento de propulsão é muito semelhante ao salto normal, mas a maior diferença é que os movimentos de defesa e saída do gol são realizados com o impulso de apenas uma das pernas e, muitas vezes, no sentido lateral. O momento da queda, consequentemente, também é diferente quando comparado com a aterrissagem do salto normal.

SOBRECARGA NA QUEDA DAS DEFESAS

Os goleiros realizam inúmeras quedas durante as sessões de treinamento; as repetições desse movimento podem provocar lesões traumáticas em várias articulações, principalmente no quadril e no ombro. Spratford et al. (2009) encontram diferença no padrão de execução do movimento com a dominância. As quedas para o lado não preferido apresentavam padrões diferentes, com maior lateralidade da região do tórax e da pelve (bacia) no início do salto. A falha no padrão coordenativo pode gerar menor controle de sobrecarga no lado não dominante, aumentando o impacto na queda.

Schimitt et al. (2010) observaram que o movimento de queda pode gerar grande sobrecarga na articulação do quadril, com elevados níveis de força (a força de impacto registrou valores entre quatro e nove vezes o peso corporal) e pressão. Dois fatores influenciam a sobrecarga de impacto: a técnica de aterrissagem e a altura e distância do salto. Os goleiros que utilizaram a queda com a técnica de rolamento do corpo geraram menor sobrecarga quando comparados com aqueles que utilizaram o movimento de queda direta. A altura e a distância do salto também influenciam diretamente a magnitude do impacto. Na medição da pressão no quadril, os mesmos autores comprovaram a eficiência da camada lateral de espuma nos calções de goleiro na diminuição da sobrecarga.

Com relação à articulação do ombro, Vernetti (2008) relata que o maior problema acontece nas quedas com o ombro abduzido. Esse movimento pode provocar luxação das articulações escapulоumeral e acromioclavicular, além de fraturas em diversos ossos da articulação do ombro, principalmente da clavícula. Além disso, a repetição desses movimentos pode provocar lesão por esforço repetitivo, como a síndrome de pinçamento (*impingement*).

Sobrecarga no movimento de saída do gol

O movimento de saída do goleiro tem uma característica muito peculiar. Durante a execução da saída, visando à interceptação da bola alta, é recomendado elevar uma das pernas com o intuito de aumentar o equilíbrio durante a fase aérea do salto e proteger o corpo de eventual choque adversário (Mascherini et al., 2007). A elevação da perna pode provocar aterrissagem com somente uma delas, e, muitas vezes, com o goleiro desequilibrado. Tal situação pode gerar grande perigo de torção das articulações do joelho e do tornozelo (Squinzani, 2009).

Sobrecarga na corrida

A corrida é um dos movimentos mais populares no meio do esporte, sendo utilizada pela maioria das modalidades coletivas, tanto na competição como no treinamento. Esse movimento pode ser dividido em dois tipos: corrida de alta intensidade (*sprint*) e corrida de baixa intensidade (corridas de longa distância). Os dois tipos de corrida apresentam diferenças no padrão de execução, com diferentes exigências de sobrecarga.

Apesar da utilização da corrida de baixa intensidade no treinamento, os movimentos mais importantes de atuação do goleiro exigem acelerações intensas, como nas saídas de gol com o objetivo de interceptar a bola lançada nas costas da defesa e diminuir o espaço de ação do atacante.

O movimento de aceleração gera grande sobrecarga na musculatura, tanto na produção de força como no controle do movimento. A propulsão é muito similar ao gesto do salto, com a ativação do quadríceps (anterior da coxa) e do gastrocnêmio (panturrilha). A diferença é a grande atuação dos músculos isquiotibiais (posteriores da coxa) e tibial anterior (músculo da frente da canela) na desaceleração do movimento para o controle da sobrecarga. As lesões musculares mais frequentes ocorrem, principalmente, nos músculos quadríceps, gastrocnêmio e isquiotibiais (Mero et al., 1992).

Sobrecarga no chute

O chute é uma habilidade técnica específica do jogo de futebol pouco presente em outras modalidades. Ele é um movimento fundamental para o jogo e muito utilizado pelos goleiros. É comum o goleiro realizar mais de vinte reposições de bola com os pés (tanto na cobrança de tiro de meta como na reposição de bolas altas, conhecida como "quebrada alta ou sai não") durante o jogo, o que pode ocasionar grande carga de trabalho (já que a maioria das reposições é realizada perto da intensidade máxima).

Vários estudos analisaram o movimento do chute e quase todos utilizaram o movimento com o peito do pé e com a bola parada. Ao contrário dos movimentos citados anteriormente, a maior sobrecarga não está na perna de apoio, mas, sim, na outra que entra em contato direto com a bola. As três articulações dos membros inferiores sofrem a sobrecarga do movimento, com predominância das articulações do quadril e do joelho (Lees e Nolan, 1998). O quadril é a região mais solicitada na fase de impulso. A atividade dos músculos flexores do quadril, como o iliopsoas e o reto femoral (anteriores da coxa), e dos músculos adutores (músculos que ficam na parte interna da coxa e atuam na rotação interna, eles também auxiliam a flexão do quadril), principalmente o adutor longo, é muito intensa

(Charnock et al., 2009). Na fase de contato com a bola, os músculos isquiotibiais sofrem grande ativação para desacelerar as articulações do joelho e do quadril, gerando assim uma ação protetora, especialmente para a articulação do joelho.

SOBRECARGA NO MOVIMENTO DE REPOSIÇÃO COM AS MÃOS

Além da reposição com os pés, os goleiros também fazem lançamentos com as mãos que, apesar de menos potentes, são movimentos mais precisos. Ainda não foi pesquisada a sobrecarga imposta às articulações nesse gesto específico do goleiro, mas alguns movimentos semelhantes já foram analisados, como o lançamento no beisebol.

A cinética do movimento do lançamento é muito semelhante à do chute, com solicitação das articulações no sentido proximodistal, ou seja, utilizando as articulações mais próximas do centro do corpo para começar a acelerar o movimento. A propulsão do lançamento pode começar com um impulso prévio dos membros inferiores e da rotação do tronco. Na sequência, a articulação do ombro passa a ser a principal propulsora do movimento (realizando a mesma função que o quadril durante o chute), recebendo a maior sobrecarga. O fortalecimento dessa articulação merece muita atenção. A repetição dos movimentos de lançamento pode provocar desequilíbrio de força entre os músculos que realizam a flexão do braço e a rotação interna do ombro com os músculos que realizam a extensão do braço e a rotação externa do ombro. O desequilíbrio de força entre os músculos da articulação do ombro é um grande fator de risco de lesão (Spinelli e Barbero, 2009).

TRABALHO DE FORMAÇÃO E PREVENÇÃO DE LESÕES

Neste tópico serão abordados dois temas fundamentais: o trabalho de flexibilidade e o de fortalecimento. O trabalho de fortalecimento será dividido em três partes: membros superiores, musculatura do tronco e membros inferiores. Além dos temas citados, será enfatizado o treinamento com enfoque no controle neuromuscular e o trabalho com crianças.

TRABALHO DE FLEXIBILIDADE

Na literatura, diversos estudos encontraram relação entre o nível de flexibilidade e o surgimento de lesões musculares. No futebol, essa relação também foi observada, e ficou comprovado que o treinamento da modalidade reduz a flexibilidade nos membros inferiores. Bradley e Portas (2007) encontraram relação positiva entre a incidência de lesões e falta de flexibilidade em jogadores profissionais da primeira divisão inglesa, principalmente nos músculos flexores do quadril (iliopsoas, reto femoral e adutores) e nos músculos flexores do joelho (isquiotibiais).

Para explicar essa relação, uma das teorias afirma que, na execução de movimentos balísticos, com grande amplitude articular (como o movimento de aceleração), observou-se que as pessoas mais flexíveis podem ter reserva de flexibilidade e tensionar menos a musculatura nas situações de maior amplitude de movimento (Bradley e Portas, 2007). Por essa razão, é necessário que os atletas tenham nível de flexibilidade adequado à exigência dos movimentos específicos da modalidade.

As ações do goleiro nos momentos de defesa podem exigir movimentos explosivos com grande amplitude em várias articulações do corpo, tanto nos membros inferiores como nos membros superiores. Tais ações exigem eficiente trabalho de flexibilidade em todos os segmentos corporais.

Nas Figuras 3.1 e 3.2, algumas propostas de exercícios de alongamento para o tronco e os membros superiores e inferiores.

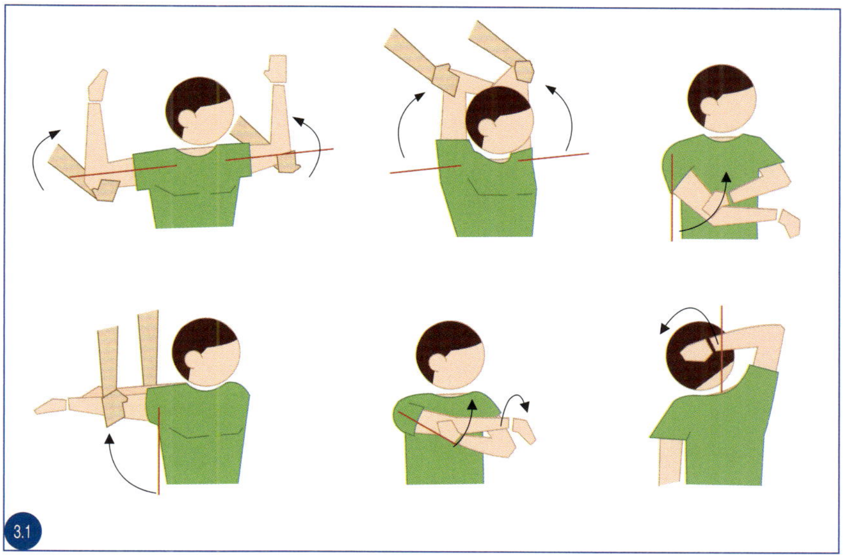

3.1

3.2

TRABALHO DE FORTALECIMENTO

Como visto no tópico anterior, os goleiros realizam vários movimentos explosivos com grande solicitação dos músculos de várias partes do corpo e, frequentemente, enfrentam choques bruscos com os adversários e com o solo. Segundo Ostojic (2003), por esses motivos, os goleiros são mais suscetíveis a lesões que os jogadores de outras posições. Para eles, é fundamental o fortalecimento dos músculos para suportar as cargas de jogos e treinamentos e assim diminuir o risco de lesões.

Neste capítulo, o trabalho de fortalecimento será dividido em três partes: membros superiores, musculatura do tronco e membros inferiores.

FORTALECIMENTO DOS MEMBROS SUPERIORES

Os membros superiores podem ser divididos em três segmentos: mãos, antebraços e braços, que são interligados por três articulações principais: punhos, cotovelos e ombros. As mãos, as articulações dos punhos e os dedos são mais sobrecarregados nos movimentos de pegada e encaixe da bola (regiões que podem receber grande impacto) e nas situações em que o goleiro divide com o atacante utilizando as mãos (os antebraços também podem ser atingidos). Segundo Ostojic (2003), as mãos foram os segmentos com maior incidência de lesões durante a temporada de jogos. É muito difícil proteger essa região e a dos antebraços nas situações de saída de gol quando acontece uma disputa com a bola nos pés do atacante. Já o movimento de pegada e encaixe é bastante influenciado pela técnica. A correta execução do gesto pode diminuir o impacto nas regiões dos dedos e nas articulações dos punhos.

Nas Figuras 3.3 e 3.4 são apresentados alguns exercícios para fortalecimento da articulação do punho e dos dedos.

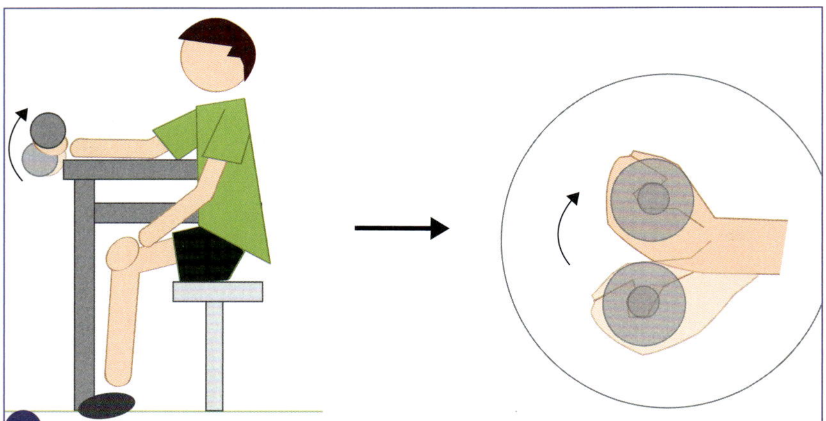

3.3

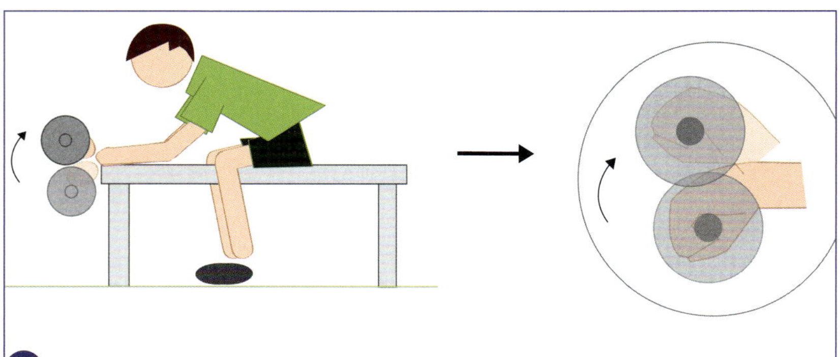

3.4

ARTICULAÇÃO DOS OMBROS E DOS COTOVELOS

O trabalho de fortalecimento das articulações dos ombros é muito enfatizado por treinadores e pesquisadores. Isso se justifica porque o ombro é uma articulação que possui grande mobilidade e é formada pela ligação de três ossos (úmero, escápula e clavícula), o que, do ponto de vista anatômico, compromete sua estabilidade. Portanto, as estruturas passivas (ligamentos e cápsula articular) e os músculos precisam ser fortalecidos. A eles cabe a importante função de preservar a integridade da articulação e sua estabilidade (Myers e Lephart., 2000).

Na atividade do goleiro, o ombro é sobrecarregado nos movimentos de queda lateral, reposição da bola com as mãos e nas divididas com adversários. As quedas com o ombro abduzido e as divididas, podem provocar vários tipos de trauma nessa articulação e no cotovelo (luxações e fraturas). Os movimentos repetitivos de lançamentos com as mãos podem provocar desequilíbrio entre os músculos que realizam a flexão do braço e rotação interna do ombro (grande dorsal, peitoral maior, redondo maior, subescapular e deltoide face anterior) em relação aos músculos que realizam a extensão do braço e rotação externa do ombro (infraespinhal, supraespinhal, redondo menor e deltoide face posterior). O desequilíbrio pode provocar uma inflamação crônica, portanto, é importante fortalecer os músculos estabilizadores dessas articulações, com enfoque no equilíbrio muscular de flexores do braço e rotadores internos com os extensores do braço e rotadores externos.

Os exercícios com elástico são muito utilizados para fortalecer os músculos da cintura escapular porque permitem amplo repertório de movimentos e aplicabilidade em diferentes situações e locais de treinamento. Myers et al. (2005) realizaram estudo que analisou a atividade muscular em doze diferentes movimentos com o elástico para fortalecimento das articulações dos ombros e dos cotovelos. Eles concluíram que a utilização de sete exercícios foi suficiente para ótima ativação de treze músculos da região (porção medial e anterior do deltoide, peitoral maior, grande dorsal, bíceps braquial, tríceps braquial, trapézio, romboides, serrátil anterior, subescapular, infraespinhal, supraespinhal e redondo menor). Spinelli e Barbero (2009) também sugerem alguns exercícios similares que eles utilizam no treinamento dos goleiros profissionais do time do Genova, da Itália.

Na sequência, alguns exercícios propostos pelos autores.

Como sugestão, os exercícios a seguir podem ser executados durante o aquecimento, duas a três vezes por semana, com duas séries de vinte a trinta repetições de cada exercício, por membro.

Rotação externa do ombro com o cotovelo flexionado a 90º; o exercício começa com toda a rotação interna (Figuras 3.5 e 3.6).

Simulação do movimento de desaceleração do lançamento (Figuras 3.7 e 3.8).

Rotação interna do ombro com o cotovelo estendido e o antebraço em posição neutra (Figura 3.9 e 3.10). Rotação externa do ombro com o cotovelo estendido e o antebraço em posição neutra. O movimento começa com o ombro a 90º de flexão (Figuras 3.11 e 3.12).

Movimento de remada unilateral com flexão do cotovelo e retração da escápula (Figuras 3.13 e 3.14).

3.7

3.8

3.9

3.10

3.11

3.12

3.13

3.14

Simulação do movimento de aceleração do lançamento (Figuras 3.15 e 3.16).

De frente para o elástico, o movimento deve ser realizado com o cotovelo flexionado e o antebraço em posição neutra. O objetivo do exercício é abduzir o ombro com a extensão do cotovelo (Figuras 3.17 e 3.18).

3.15

3.16

3.17

3.18

Além dos elásticos, o fortalecimento pode ser realizado com os aparelhos usados nas academias e os halteres (pesos livres).

Seguem exemplos de exercícios (Figura 3.19):

3.19

FORTALECIMENTO DOS MÚSCULOS DO TRONCO

Os exercícios do treinamento da região do *core* são muito populares nos dias de hoje, sendo usados em diversas situações, inclusive no futebol. *Core*, em inglês, significa *núcleo*; assim, o trabalho *core* prioriza os músculos próximos do centro de gravidade do corpo que atuam na estabilização do tronco. Borghuis et al. (2008) descrevem essa região como uma caixa em que a musculatura abdominal fica na parede anterior, os músculos paraespinhais e os glúteos ficam na parte posterior, o diafragma forma o telhado e a cintura pélvica e os músculos da região do quadril formam a base.

Nesse contexto, a estabilização do corpo depende dos músculos da região abdominal e da região lombar. A tensão desenvolvida por esses músculos aumenta a rigidez da região da coluna vertebral e aprimora a estabilidade (Behm et al., 2010). A função estabilizadora é de extrema importância para a realização dos movimentos explosivos dos membros superiores e inferiores (muito realizados pelos goleiros), pois ela vai iniciar a cadeia cinética dos movimentos. Portanto, muitos músculos que realizam o início da sequência dos movimentos (grande dorsal, peitoral maior, músculos isquiotibiais, quadríceps e iliopsoas) e que realizam a estabilização dos membros (trapézio, músculos rotadores do quadril e glúteo) são interligados com a região central (Borghuis et al., 2008).

Algumas lesões estão relacionadas com o enfraquecimento da região central. Entre as ocorrências, uma das mais comuns situa-se na região lombar. Os músculos dessa região exercem esforço contínuo de estabilização para realização dos movimentos; se não forem trabalhados de maneira eficiente, podem sobrecarregar outros tecidos (ligamentos, tendões e principalmente a coluna vertebral). Behm et al. (2010) relatam que a diminuição da resistência muscular da região lombar é fortemente associada com dores no local. Além disso, os membros inferiores podem ser também influenciados por essa ineficiência. Willardson (2007) mostrou que lesões no ligamento cruzado anterior podem estar relacionadas com deficiência no trabalho de estabilização de tronco.

Para a prevenção de lesões, o trabalho de fortalecimento da região do tronco é fundamental. Muitos exercícios podem ser utilizados para os músculos nela situados. Os mais comuns são os exercícios de "prancha" (em apoio de frente nos antebraços e lateral no solo), como pode ser observado nas fotos a seguir, e são recomendados pela comissão médica da FIFA.

Esses exercícios são realizados em isometria. Como sugestão de treino, três séries com duração de 30 segundos a 1 minuto.

Exercício de prancha simples (Figura 3.20).

Exercícios de prancha lateral. Em cima posição mais simples, e em baixo, nível mais avançado (Figuras 3.21 e 3.22).

3.20

3.21

3.22

Além desses exercícios, o desenvolvimento da musculatura do tronco pode ser alcançado com o uso de aparelhos que geram instabilidade, como bolas suíças e Bosu. A prática de exercícios com pesos livres também é recomendada, desde que a execução exija grande capacidade de estabilização do tronco, como agachamento, levantamento terra e exercícios de levantamento de peso olímpico.

A seguir exemplos de exercícios com bolas suíças e Bosu (Figura 3.23):

3.23

Fortalecimento dos membros inferiores

Os membros inferiores são muito solicitados na prática do futebol e sofrem grande sobrecarga muscular e articular. Durante a realização dos movimentos do goleiro, vários músculos são acionados com a função de propulsão e controle. Os principais músculos propulsores são o quadríceps, o gastrocnêmio, os flexores do quadril e os adutores. Para a função de controle, os músculos isquiotibiais são os principais. O fortalecimento desses músculos, de forma equilibrada, pode garantir a prática segura da modalidade.

A relação de forças entre os músculos extensores da coxa (quadríceps) e os músculos flexores da coxa (isquiotibiais) tem importância muito grande na ocorrência de lesões. Os isquiotibiais são responsáveis pelo controle dos movimentos de desaceleração do chute e da corrida gerados, principalmente, pelo quadríceps. Quando a relação entre eles é desproporcional, a força de controle não será suficiente para contrapor a força de propulsão. Tal condição provocará sobrecarga dos músculos isquiotibiais, podendo facilitar a ocorrência de lesões musculares e lesões nos joelhos, pois a ação deles contribui para atenuar a sobrecarga na articulação dos joelhos.

Diante do exposto, o fortalecimento dos isquiotibiais é muito recomendado pelos pesquisadores e treinadores. Entre os exercícios mais indicados está a "flexão nórdica" (em inglês, *nordic hamstring*). A maior vantagem desse exercício é a forma de trabalho, que é muito similar às ações que ocorrem nos movimentos do jogo (movimento de desaceleração – contração excêntrica).

Segue a descrição do exercício.

O movimento de flexão nórdica deve ser realizado com queda controlada, como mostram as fotos abaixo. É muito importante manter a posição do tronco ereta na execução do movimento (Figura 3.24 a 3.26).

3.24

3.25

3.26

Como sugestão, realizar de três a quatro séries de 5 a 10 repetições de quedas controladas.

Os outros músculos dos membros inferiores podem ser trabalhados de várias maneiras (com o uso de elásticos, máquinas e pesos livres). O uso de exercícios com peso livre, como agachamento, afundo, avanço e levantamento terra, entre outros, são mais específicos, pois trabalham simultaneamente as três articulações (tornozelo, joelho e quadril). Contudo, a execução desses exercícios é mais complexa, sendo de vital importância o controle da técnica do movimento.

As Figuras 3.27 e 3.28 apresentam exercícios para o fortalecimento dos principais grupos musculares.

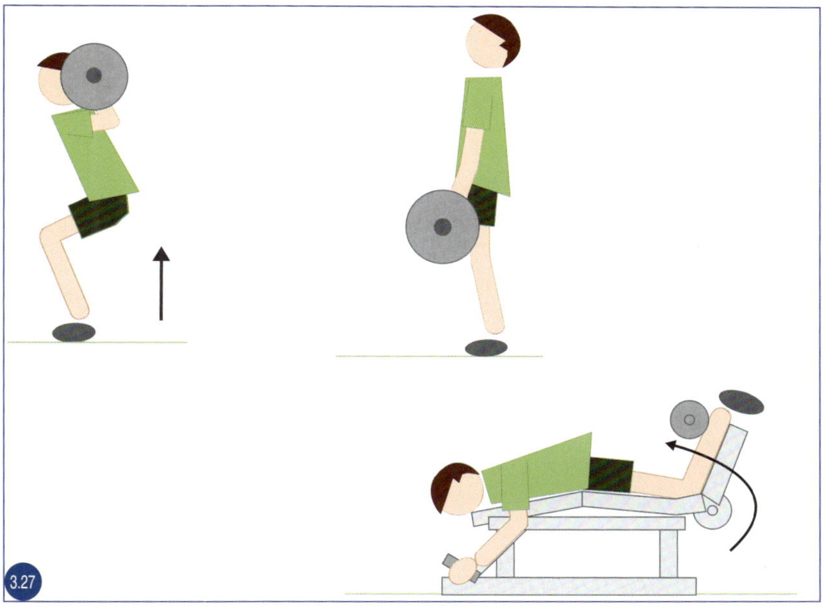

3.27

3.28

Controle neuromuscular

Os movimentos praticados pelos goleiros são muito complexos (com a participação de várias articulações e segmentos do corpo) e executados com grande velocidade. Tais circunstâncias exigem resposta muscular intensa e precisa. Para otimização dessa resposta, é fundamental a correta ativação e sincronização dos músculos envolvidos na tarefa. Eventuais falhas no recrutamento podem ocasionar queda de rendimento e aumentar a sobrecarga em determinada região do aparelho locomotor, aumentando o risco de lesões. Para a realização de treinamento preventivo, é importante entender como funciona o controle neuromuscular.

Riemann e Lephart (2002a) definem controle neuromuscular como a ativação muscular inconsciente que acontece na preparação ao movimento articular (ou sobrecarga articular) ou em resposta a ele, com o objetivo de manter ou restaurar a estabilidade funcional articular. Existem dois sistemas de atuação no controle dessa resposta. O primeiro, de antecipação da sobrecarga, que é realizado por meio da pré-ativação da musculatura envolvida (*feedfoward*), e o outro sistema, de correção de detecção sensorial, denominado *feedback*.

Pré-ativação

Os receptores sensoriais possuem limitação fisiológica no tempo de resposta. Essa limitação acontece em virtude do período de transmissão da informação sensorial para o sistema nervoso e subsequente resposta do sistema nervoso para a musculatura. Esse período de transmissão oscila entre 60 e 100 milissegundos. Para proteger o aparelho locomotor do atraso da resposta em movimentos que geram sobrecargas repentinas (como a queda de saltos e movimentos de frenagem e mudança de direção), o corpo humano usa de um mecanismo chamado de pré-ativação. A pré-ativação acontece com a realização de uma contração muscular no período que antecede o contato (choque). A intensidade de contração vai ser modulada pela carga esperada, que é pré-programada pelos altos centros do sistema nervoso central (Aura e Vitassalo, 1989).

Essa modulação de contração sofre grande influência da experiência na realização dos movimentos. A incorreta ativação muscular nessa fase (principalmente atraso da ativação dos músculos isquiotibiais e tibial anterior) é um grande fator de risco de lesões no joelho e no tornozelo, principalmente lesões do ligamento cruzado anterior. Lephart et al. (2005) relatam que o treinamento consciente dos movimentos altera o padrão da pré-atividade muscular, melhorando o recrutamento e o controle neuromuscular do movimento, prevenindo a ocorrência de lesões.

No treinamento do goleiro, o trabalho variado de saltos e pliometria é importante no aprimoramento dessa pré-ativação. A execução do exercício deve ser realizada de forma consciente, com movimentos controlados, principalmente na queda após o salto. As quedas com a rotação interna dos joelhos devem ser evitadas e corrigidas, como mostra a Figura 3.29:

3.29

A seguir, alguns exemplos de exercícios de saltos.

Saltos sucessivos verticais (Figuras 3.30 e 3.31).

Saltos sucessivos verticais com joelho estendido. Ênfase na articulação do tornozelo (Figura 3.32 a 3.34).

3.30

3.31

3.32

3.33

3.34

Saltos verticais intercalados com pequenos saltos horizontais (Figura 3.35 a 3.39).

Saltos laterais sucessivos (Figura 3.40 a 3.43).

3.35

3.36

3.37

3.38

3.39

3.40

3.41

3.42

3.43

PROPRIOCEPÇÃO

Os movimentos esportivos exigem alta capacidade de controle e equilíbrio do corpo humano. Para possibilitar a realização desses movimentos, o corpo possui um complexo sistema central de integração e processamento entre os receptores sensoriais e os controladores motores que são responsáveis pela manutenção funcional da estabilidade articular e pelo controle do movimento. Esse sistema sensório-motor é formado por vários componentes sensoriais, como o sistema visual, o somatossensorial, o vestibular e o proprioceptivo.

O sistema proprioceptivo abriga uma rede de receptores periféricos que se localizam nos tecidos musculares, cutâneos, articulares e ligamentares. Esses receptores são sensíveis à percepção articular e fornecem informações de posição, movimento e resistência (mecânica). As informações contribuem para o controle postural, a estabilidade articular e algumas sensações conscientes (Riemann e Lephart, 2002a). Segundo Riemann e Lephart (2002b), o sistema proprioceptivo é a via mais rápida e precisa de correção do programa motor na presença de mudanças repentinas e inesperadas, sendo essencial durante a realização dos movimentos. Essa característica faz o sistema proprioceptivo ser um mecanismo de defesa do aparelho locomotor a sobrecargas inesperadas, portanto, é muito importante na prevenção de lesões articulares.

Borghuis et al. (2008) relatam que a sensibilidade dos receptores proprioceptivos é aumentada com a utilização de exercícios de coordenação e equilíbrio. O treinamento adequado aumenta a sensibilidade do senso de posição dos músculos e dos receptores articulares. O treinamento de propriocepção é realizado basicamente com dois tipos de exercício: exercícios de desequilíbrio utilizando a base unipodal (só com um dos pés) e exercícios que utilizam aparelhos que provocam desequilíbrio (bolas suíças, bosu, entre outros). A seguir serão apresentados alguns exemplos de exercícios:

Exercícios de desequilíbrio unipodal utilizando a movimentação da bola ou o desequilíbrio do companheiro (Figura 3.44 a 3.47).

3.44

3.45

3.46

3.47

Exemplo de exercício utilizando aparelho de desequilíbrio (Figuras 3.48 e 3.49):

3.48

3.49

Fortalecimento muscular em crianças

O processo de crescimento e desenvolvimento humano provoca uma série de alterações morfológicas e funcionais, e essas alterações vão exercer grande influência no desempenho físico das crianças. Entre as maiores dificuldades no trabalho com crianças estão aquelas relacionadas com o processo maturacional, que não acontecem de forma igual para todas, principalmente na fase da puberdade. Nos grupos da mesma idade, podemos encontrar crianças com diferentes níveis de maturação. Segundo Malina et al. (2004), as maiores diferenças acontecem nas idades entre 13 e 16 anos.

A força muscular é muito influenciada durante o processo maturacional porque, nessa fase, acontece aumento gradual nos níveis de testosterona que, entre outras coisas, estimula o desenvolvimento da musculatura. As crianças que estão maduras ou no final da puberdade terão treinabilidade bem diferente daquelas que estão no começo da puberdade ou que ainda não entraram nessa fase. Apesar dessa constatação, a capacidade de força pode ser desenvolvida em todas as idades. Hansen et al. (1999) reportaram que, independentemente do nível de testosterona, as crianças mais treinadas têm melhor desempenho qu e as menos treinadas.

O fortalecimento da musculatura em crianças pode ser estimulado em qualquer idade. O que deve ser considerado é a forma de aplicação do treinamento. Até o começo da maturação (por volta de 13 a 14 anos), as crianças estão mais sensíveis a estímulos sobre o sistema neuromuscular. Nessa fase, é muito importante enfatizar o treinamento visando ao desenvolvimento da coordenação, com grande variedade de exercícios. O treinamento de força pode ser aplicado utilizando apenas o peso corporal e explorando diversas posições para propiciar desenvolvimento equilibrado de todo o corpo, com o uso de várias capacidades motoras (Barbanti, 2005). A seguir, alguns tipos de exercícios que podem ser aplicados (Figura 3.50).

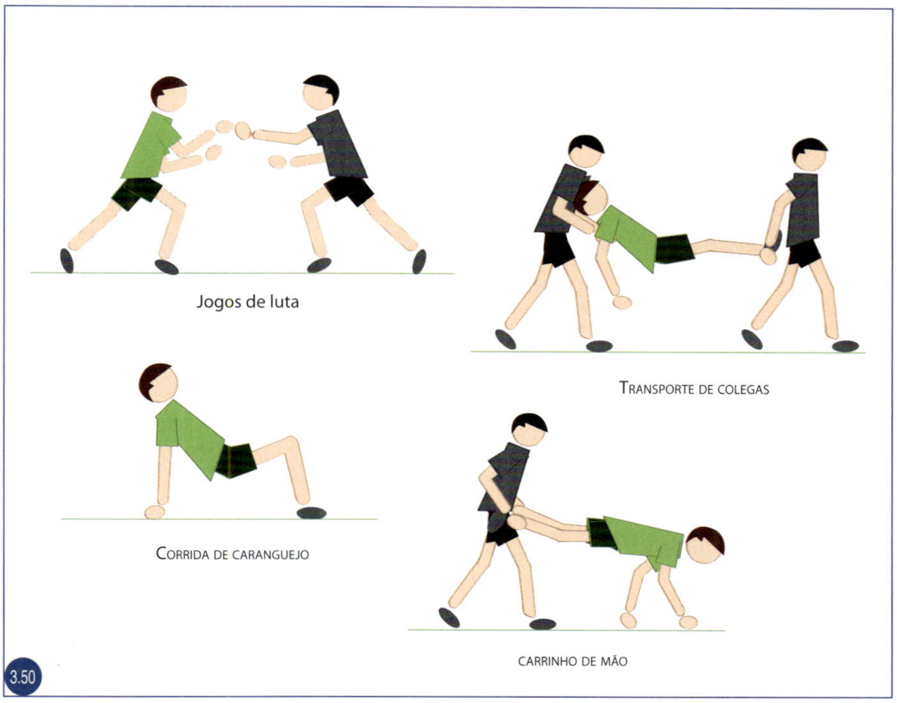

Nessa faixa etária, não é muito proveitosa a prática sistêmica de exercícios de fortalecimento, pois as crianças ainda não estão no período mais sensível de melhora da força. Trabalhos mais específicos devem ser estimulados a partir dos 14-15 anos, quando a maioria delas estará na puberdade e terá maior ganho no desenvolvimento muscular.

APRIMORAMENTO DO DESEMPENHO

Os goleiros, apesar de participarem pouco dos jogos, atuam nos momentos decisivos. Quando acionados, precisam realizar ações que exigem movimentos complexos, de grande intensidade e em curto espaço de tempo. O desempenho físico deles depende da capacidade coordenativa e da velocidade de execução dos gestos. Na aplicação do treinamento físico, o trabalho das capacidades coordenativas e o aprimoramento da capacidade de potência são fundamentais para a melhora de desempenho.

A seguir, serão abordados os meios de treinamento utilizados no desenvolvimento das capacidades coordenativas e os métodos de treinamento existentes para o aprimoramento da capacidade de potência. Depois, será enfatizado o treinamento em crianças, e, por último, será apresentado um exemplo prático do desenvolvimento do trabalho físico em um goleiro profissional de futebol.

CAPACIDADES COORDENATIVAS

As capacidades coordenativas são responsáveis pela organização e pelo controle da execução dos movimentos. Os gestos técnicos realizados pelos goleiros utilizam vários segmentos corporais que precisam ser coordenados para executar a ação com precisão e rapidez em situações inesperadas. Para realizar essas intervenções, é fundamental ter amplo controle dos movimentos (com ritmo e equilíbrio), ótima capacidade de orientação espacial e rápida capacidade de reação. Neste tópico será enfatizada a coordenação dos movimentos fundamentais utilizados pelos goleiros e o controle corporal.

Coordenação dos gestos fundamentais

Basicamente, o goleiro realiza a combinação de dois gestos fundamentais nas suas ações de jogo: os deslocamentos e os saltos. Ambos são executados de várias formas, com diferentes técnicas de execução.

Deslocamentos do goleiro

Durante o jogo são realizados diversos tipos de deslocamento: lateral, diagonal de frente e de costas e deslocamento para trás e para frente. Os movimentos devem ser realizados com boa simetria, com controle da frequência e amplitude das passadas. Os deslocamentos laterais e diagonais devem ser realizados da forma mais equilibrada possível. Para que isso ocorra, os movimentos devem acontecer com o centro de gravidade baixo, o mais próximo possível do solo, aumentando o afastamento entre as pernas e evitando cruzá-las, como mostram as fotos a seguir (Figura 3.51 a 3.53).

3.51

3.52

3.53

O treinamento coordenativo deve ser praticado com ênfase na correta realização do movimento. Quando eles estiverem consolidados, poderão ser utilizados exercícios com maior nível de dificuldade, com limitação de tempo e alteração de frequência e amplitude. Rapacioli (2004) apresenta alguns exemplos de exercícios (Figuras 3.54 e 3.55).

3.54

3.55

Movimento de *skipping* lateral à esquerda acima e aceleração entre cones à direita.

Além destes exercícios, os educativos de corrida como *skipping*, *anfersen*, *hope* e os exercícios de *footwork* e *slalom* são muito utilizados para aumentar o repertório motor.

Skipping (Figura 3.56 a 3.58):

3.56

3.57

3.58

Anfersen (Figuras 3.59 a 3.61):

3.59

3.60

3.61

Hope (Figura 3.62 a 3.65):

3.62

3.63

3.64

3.65

Exercícios de *slalom* (Figuras 3.66 e 3.67)

3.66

3.67

Exercícios de *footwork* utilizando a escada de coordenação (Figuras 3.68 e 3.69):

3.68

3.69

Em estágio mais avançado, podem ser realizados exercícios de coordenação junto com os exercícios técnicos específicos com bola.

COORDENAÇÃO DOS SALTOS

O treinamento coordenativo da técnica de salto é muito similar ao treinamento físico. A grande diferença é que, no treinamento coordenativo, a maior atenção será dada à correta execução do movimento, tanto na decolagem como na aterrissagem. Não podem acontecer desequilíbrios posturais durante o salto, para permitir maior amplitude de movimento.

Na fase da decolagem, é muito importante coordenar os movimentos dos braços e das pernas (como mostram as fotos as Figuras 3.70 e 3.71).

3.70

3.71

Na aterrissagem, é fundamental realizar uma correta flexão dos segmentos do corpo (tornozelo, joelho e quadril) para diminuir as forças de impacto sobre o aparelho locomotor, o que diminui a chance de lesão (Figura 3.72).

3.72

Basicamente, no treinamento são utilizados saltos verticais para frente e para o lado e saltos horizontais para frente. Barbanti (2005) sugere alguns saltos diferentes que ajudam a aumentar o repertório motor.

Salto com rotação de 180º (Figura 3.73 a 3.77):

3.73

3.74

3.75

3.76

3.77

Salto com rotação de 360º (Figura 3.78 a 3.82):

3.78

3.79

3.80

3.81

3.82

Pular corda também pode ser um meio eficiente para aprimorar a coordenação (Figura 3.83):

Quando o gesto estiver automatizado, os saltos específicos do jogo, inclusive com recepção da bola, podem ser incluídos no treinamento.

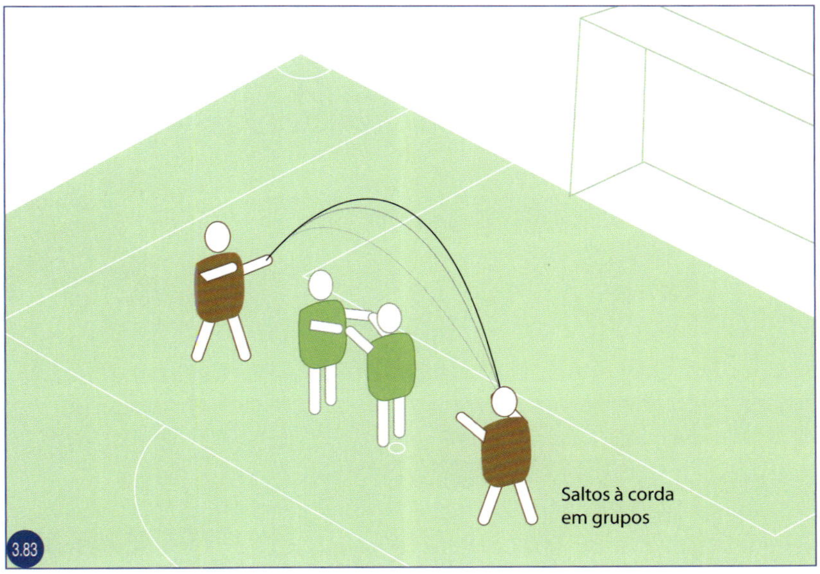

CONTROLE DO CORPO

Em muitas situações de jogo, o goleiro é obrigado a realizar defesas sucessivas. Depois da primeira defesa, o goleiro precisa se levantar e ficar pronto, o mais rápido possível, para realizar a próxima intervenção, condição que exige grande percepção corporal e orientação espacial. Martini (2010) sugere exercícios educativos de ginástica olímpica para aprimoramento dessas capacidades. Podem ser usados exercícios de rolamentos e cambalhotas combinados com gestos específicos do jogo. Exemplos:

Cambalhota e o fundamento de cama (Figura 3.84 a 3.88):

Rolamento e o fundamento de cama (Figura 3.89 a 3.95):

3.89

3.90

3.91

3.92

3.93

3.94

3.95

Treinamento da capacidade de potência

A maximização da potência muscular do goleiro é fundamental para o aprimoramento do desempenho. A potência produzida é modulada pelo produto da força empregada no movimento com a velocidade de execução. Quanto maior a força utilizada para realizar o movimento, menor será a velocidade de execução e vice-versa. Esse comportamento cria uma curva de desempenho (força x velocidade).

Os métodos de treino utilizados para desenvolver a potência muscular se baseiam no comportamento da curva, ou atuam na zona de força máxima, ou na zona da velocidade máxima, ou, ainda, na zona de potência máxima.

Gráfico 3.1 – Curva de desempenho (força x velocidade)

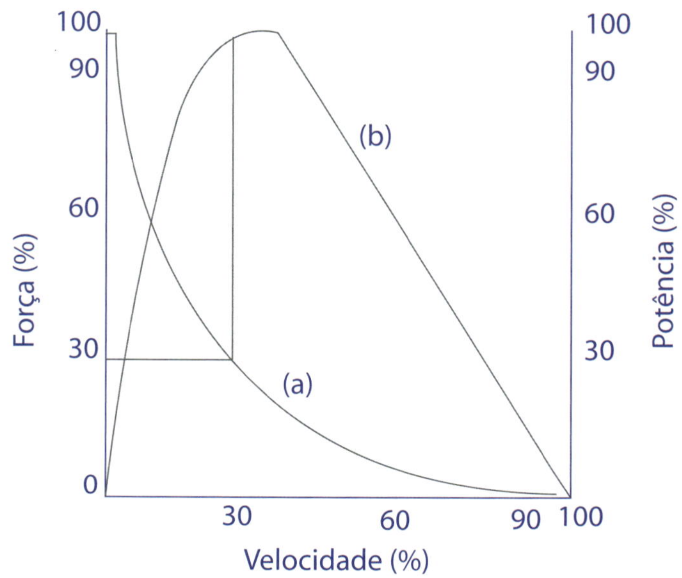

Fonte: Vinaspre et al. (1996).

Métodos de treinamento na zona de força máxima

O treinamento de força máxima é um meio muito utilizado na preparação dos atletas para o aprimoramento da potência muscular. Segundo Aagard et al. (2002), esse tipo de treinamento provoca várias alterações neurais que estimulam o recrutamento das fibras musculares e o aumento da taxa de desenvolvimento de força, que é fundamental para o desenvolvimento da potência. Wisloff et al. (2004) encontraram correlação muito forte entre o nível de força máxima de membros inferiores (teste de meio-agachamento) e o desempenho de corrida e salto realizados por jogadores de futebol profissional.

Gráfico 3.2 – Treinamento de força máxima e aprimoramento da potência muscular

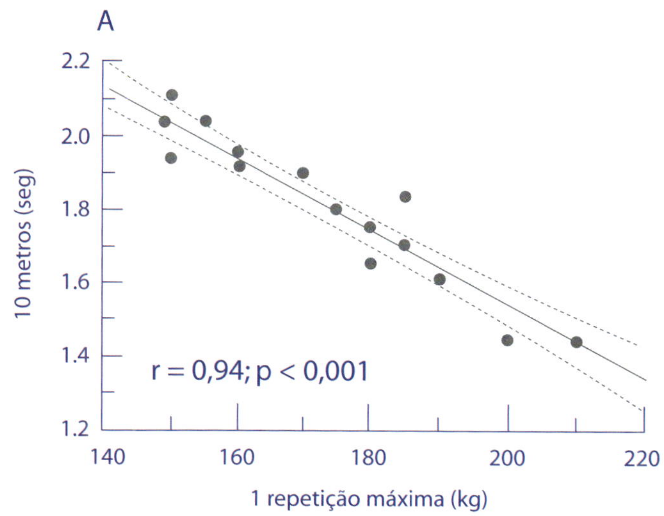

Gráfico 3.3 – Desempenho de força e salto

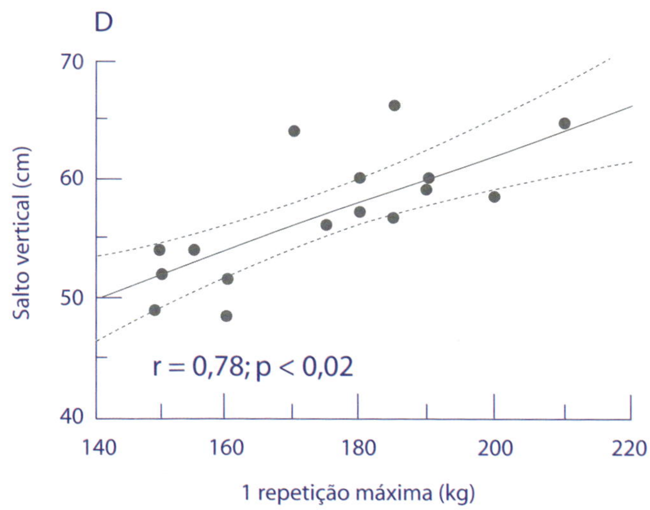

A zona de treinamento da força máxima caracteriza-se pela utilização de elevada sobrecarga, que pode variar entre 80% e 100% da carga máxima (Lamas et al., 2008) com menor número de repetições (4 a 6). Hoff (2005) mostrou estudos que conseguiram grande aumento de força máxima em jogadores de futebol. Os protocolos de treinamento eram realizados com o exercício de meio-agachamento. As sessões aconteciam duas vezes por semana, com quatro a cinco séries de 4 a 5 repetições com recuperação completa entre as séries e máxima velocidade de execução do movimento (mesmo que não fosse possível executar o movimento rápido, o importante era ter a intenção de se mover o mais rápido possível).

Bogdanis et al. (2007) demonstraram que, no treinamento de força, a intensidade da sobrecarga é fundamental para a melhora do desempenho de potência em jogadores de futebol. No seu estudo, os jogadores que treinaram com carga elevada (90% da carga máxima contra 70%) e menor número de repetições (5 repetições contra 12) apresentaram maiores ganhos de força máxima, velocidade de aceleração e impulso vertical, utilizando o exercício de meio-agachamento (realizado três vezes por semana durante seis semanas).

Behm et al. (2010) relataram que o tipo de exercício também faz diferença no ganho de força e potência. O uso de exercícios com pesos livres é mais aconselhável no treinamento, pois são mais similares aos movimentos realizados nas atividades esportivas. Os movimentos esportivos exigem ações sincronizadas de várias articulações (cadeia cinética fechada); os exercícios que trabalham as articulações de forma separada (cadeia cinética aberta), como a maioria dos aparelhos de musculação, não são tão eficientes na transferência de rendimento.

MÉTODOS DE TREINAMENTO NA ZONA DE VELOCIDADE MÁXIMA

Os métodos de treinamento voltados para o aprimoramento da velocidade provocam alterações neurais intramusculares e intermusculares (Harris et al., 2000). Para aprimorar a coordenação intermuscular na realização do movimento, o exercício escolhido para o treino precisa ter padrão de execução semelhante ao gesto específico realizado no jogo. A maioria dos movimentos realizados pelos goleiros é feita com contramovimento, como saltos, corrida, chute e lançamentos com os braços (Figura 3.96).

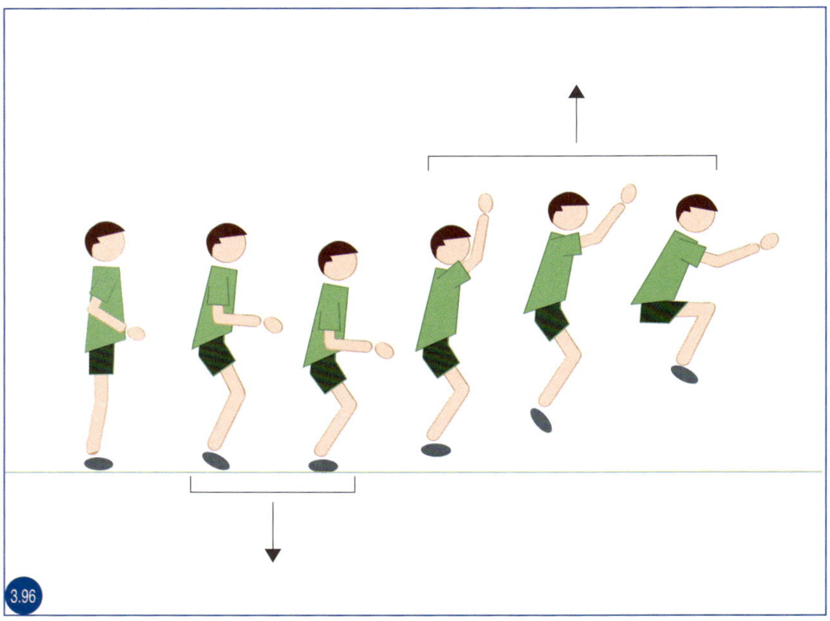

3.96

Desde a locomoção até os tipos mais difíceis de salto que possuem contramovimento, a musculatura trabalha em um ciclo básico de alongamento-encurtamento. O alongamento muscular na fase excêntrica (negativa) acumula carga (energia elástica), que, por um tipo de sistema de molas, restitui-se na fase concêntrica (positiva), aumentando a produção de impulso realizado pela contração muscular. Esse mecanismo torna os movimentos bem mais econômicos e eficientes. No treinamento na zona de velocidade máxima, podemos aprimorar a potência muscular de duas maneiras: aperfeiçoando o mecanismo de alongamento-encurtamento muscular (componente elástico) ou melhorando a resposta concêntrica da musculatura envolvida na realização do movimento.

Treinamento pliométrico

O treinamento que visa a potencializar o ciclo alongamento-encurtamento muscular é denominado pliometria. A pliometria é realizada com exercícios que aumentam a sobrecarga na fase excêntrica (negativa) para aumentar a restituição de energia elástica na fase concêntrica (positiva) (Cometti, 1997). O tempo de transição entre a fase negativa e a fase positiva é essencial para essa restituição: quanto mais rápido, melhor.

Os saltos são os exercícios mais utilizados para o treinamento pliométrico dos membros inferiores. No treino, são usados vários tipos, e eles podem ser executados com o corpo parado ou com impulso prévio de corrida ou de queda. Os saltos sucessivos e os saltos precedidos de queda (salto em profundidade) conseguem aumentar a sobrecarga na fase excêntrica com aumento da desaceleração do corpo no momento da decolagem. Quanto maior a altura (ou distância) da queda, maior será a desaceleração do movimento. Nem sempre toda a energia acumulada na desaceleração do movimento é restituída na fase de impulso. Cada atleta possui um limite de restituição de energia (esse limite é treinável). Assim, para a realização de um treinamento seguro, é importante tomar alguns cuidados, pois esse tipo de treino gera grande sobrecarga sobre o aparelho locomotor.

Técnica de aterrissagem do salto: as duas pernas devem tocar o solo ao mesmo tempo, e é preciso muita atenção na flexão dos membros inferiores para amortecer o impacto.

Nível de força do executante: os músculos dos membros inferiores e do tronco devem estar fortalecidos para aguentar a sobrecarga do treinamento, evitando lesões musculares e lesões nos tecidos passivos provocados pelas repetições de saltos.

Altura da queda (ou distância): quanto maior a altura, maior será a carga do exercício. O executante deve realizar o treinamento com altura adequada à sua capacidade técnica de execução. Atletas iniciantes podem começar utilizando pratos demarcatórios (conezinhos) como referência ou cones de 20 cm. Quando a técnica estiver consolidada, poder-se-á aumentar a altura dos saltos para 40 cm. Atletas de alto nível conseguem realizar o treino pliométrico com saltos acima de 1 metro.

Volume de saltos: os movimentos de saltos sucessivos provocam grande estresse no aparelho locomotor. Geralmente, não devem ser realizados mais que dez saltos por série. Não existe número ideal de saltos realizados por sessão de treinamento. Atletas de alto nível do atletismo realizam mais de quatrocentos saltos por sessão; para atletas iniciantes, é recomendável começar com cinquenta a sessenta saltos por sessão. É muito importante aumentar gradualmente e controlar o número de saltos ao longo do tempo.

Os movimentos de salto podem ser divididos em três diferentes grupos, de acordo com a sobrecarga. O primeiro grupo, que gera menor sobrecarga ao aparelho locomotor, é constituído pelos saltos mais simples, como os saltos horizontais e verticais realizados com o corpo parado. Eles geram menor sobrecarga em tempo de contato maior. São os exercícios mais indicados para os atletas iniciantes.

Exemplo de exercícios (Figuras 3.97 e 3.98):

3.97 Impulsão horizontal: salto horizontal simples

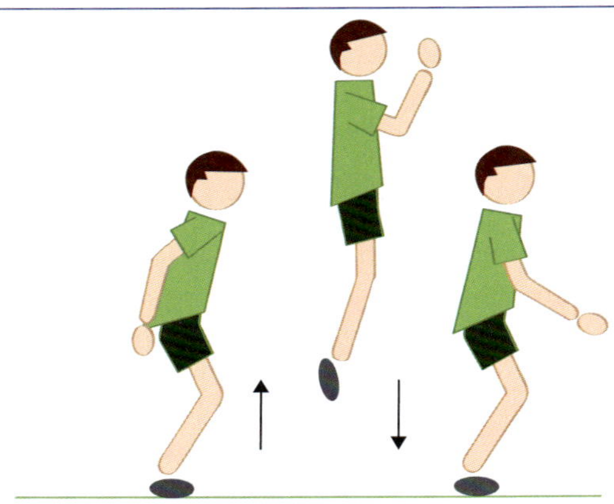

3.98

O segundo grupo é composto pelos saltos utilizados no treino de pliometria, como os saltos sobre barreiras e os saltos em profundidade. Esses saltos são executados com maior velocidade, diminuindo o tempo de contato e aumentando a sobrecarga no aparelho locomotor (Figuras 3.99 e 3.100).

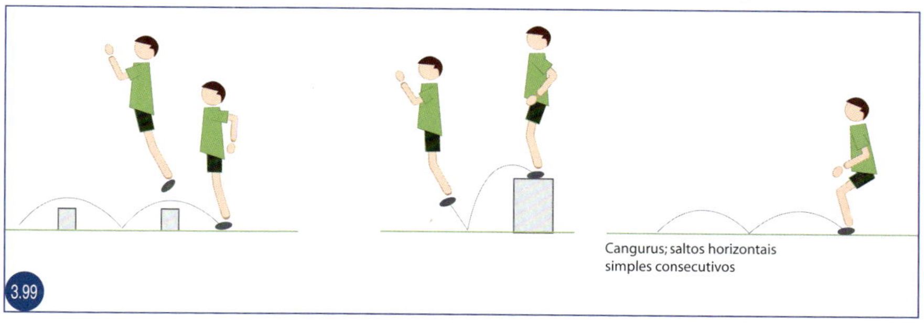

3.99

3.100

Para maior especificidade no treinamento de goleiros, o movimento de salto pliométrico pode ser treinado utilizando, no início da propulsão, ângulo de flexão do joelho próximo de 90° (Figura 3.101). Manuele (2002) reporta estudo com goleiros profissionais italianos que analisou o ângulo de flexão dos joelhos no movimento das defesas com saltos. O estudo mostrou que o ângulo de flexão da referida articulação, no início do salto, variou entre 85° e 105°. Com base no resultado encontrado, ele recomenda que o treinamento de saltos deva ser executado com a mesma angulação com a qual os goleiros realizam as defesas.

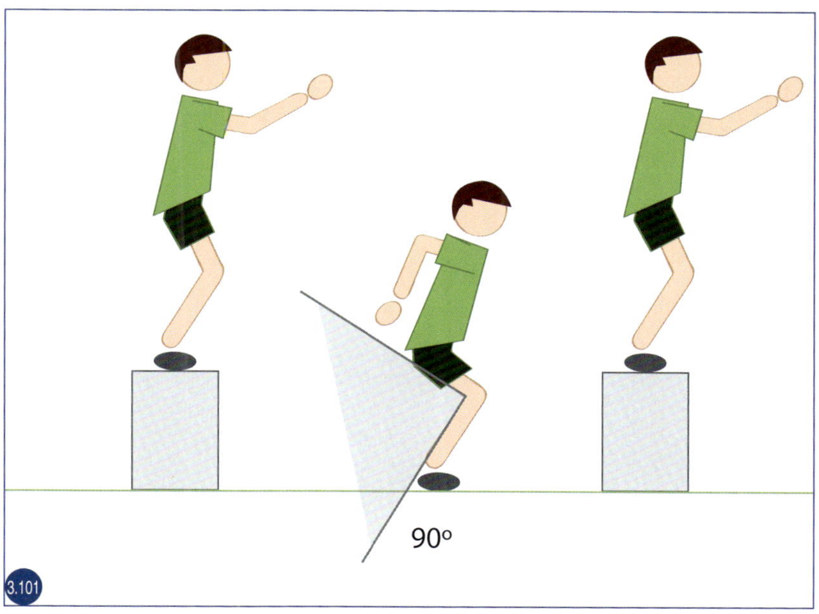

3.101

Goleiros com boa base de treinamento de salto podem executar os exercícios pliométricos junto com os movimentos específicos de jogo.

Exemplos de exercício (Figura 3.102 e 3.103) Rapacioli (2010):

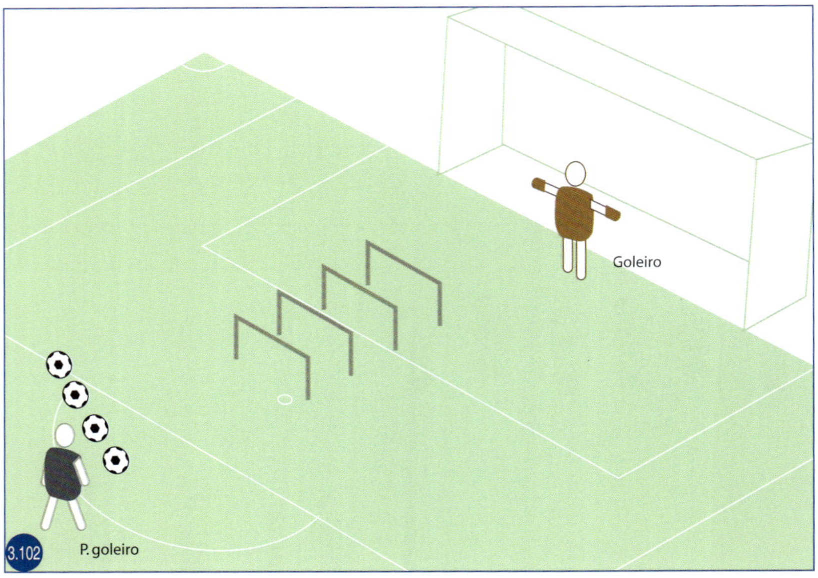

3.102

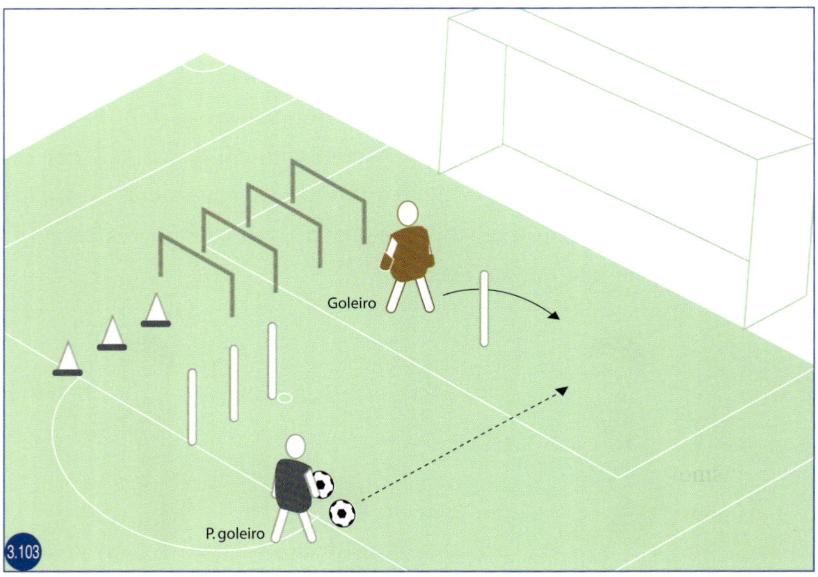

3.103

O terceiro grupo é composto pelos saltos utilizados no atletismo. São saltos precedidos de corrida, como o salto em distância, o salto em altura e o salto triplo. Quanto maior for a velocidade no início da decolagem, maior será a distância do salto. Esses movimentos geram uma das maiores sobrecargas ao corpo humano dentre todos os gestos esportivos. Eles são muito pouco específicos no treinamento de goleiros e devem ser evitados.

TREINO PLIOMÉTRICO DOS MEMBROS SUPERIORES

Os movimentos de lançamento apresentam as mesmas características dos movimentos de chute, salto e corrida. Eles são executados com contramovimento para potencializar o lançamento. Para aprimorar o gesto, também é indicada a utilização do treinamento pliométrico. Esse tipo de treino é muito executado com o uso de bolas medicinais, mas é preciso cuidado com o peso dos implementos: quanto mais pesados, mais lento será o movimento e menor será o trabalho do ciclo alongamento-encurtamento (Figura 3.104).

3.104

TREINAMENTO DA RESPOSTA CONCÊNTRICA

Como visto anteriormente, o corpo humano dispõe de dois mecanismos para produção de potência: o ciclo alongamento-encurtamento muscular e o desenvolvimento da força na fase concêntrica. Para concentrar o treinamento no desenvolvimento da força na fase concêntrica, é preciso comprometer a eficiência do ciclo alongamento-encurtamento muscular na execução do movimento. Isso é possível aumentando o tempo da transição da fase excêntrica para a fase concêntrica que vai prejudicar a restituição de energia.

Vários tipos de exercícios conseguem prejudicar essa transição, como o treinamento de saltos e corrida na *areia*, a corrida tracionada (com uso de pesos e elásticos), a corrida em subida, os saltos com sobrecarga e os lançamentos com bolas medicinais mais pesadas. O estudo de Impelizzeri et al. (2008) comprova esse fenômeno. Ele relatou que o treinamento de saltos na areia produziu resultados diferentes quando comparados com o treinamento de saltos na grama. No teste que avaliou a força concêntrica do salto (salto vertical parado), o grupo que treinou na areia teve aumento maior

(3,4 cm contra 1,8 cm), e, no teste que avaliou a *performance* do ciclo alongamento-encurtamento (salto vertical com contramovimento), o grupo que treinou na grama obteve resultado melhor (5,5 cm contra 2,4 cm).

Os movimentos de defesa do goleiro também podem ser executados com elástico para focar o desenvolvimento da força concêntrica. A seguir, exemplos de exercícios.

Movimento de cama com tração (Figura 3.105 a 3.107):

3.105

3.106

3.107

Movimento de queda lateral com tração (Figura 3.108 a 3.110).

3.108

3.109

3.110

MÉTODOS DE TREINAMENTO NA ZONA DE POTÊNCIA MÁXIMA

A importância da produção de potência nos treinamentos com sobrecarga justificou a realização de exercícios em zona de carga que maximiza o produto entre a força produzida e a velocidade de execução. Essa zona de treinamento foi denominada de zona de potência máxima. Ela não apresenta valor fixo de intensidade, geralmente varia entre 30% e 50% da carga máxima levantada. Além do aumento da potência máxima produzida, esse tipo de treinamento também é eficiente no aumento da força máxima (Lamas et al, 2008).

Os exercícios mais utilizados para os membros inferiores são os saltos com pesos sobre as costas (*jump squat*) e meio-agachamento executado em velocidade máxima, e, para os membros superiores, é indicado o movimento de supino. Além desses exercícios, os movimentos de levantamento de peso (arranco, arremesso) e seus exercícios educativos são muito utilizados (Figura 3.111). A cinética do movimento de levantamento de peso é muito similar à do movimento de salto e permite boa transferência para melhorar o desempenho (principalmente do salto vertical). Os exercícios, porém, exigem alto grau de coordenação para sua correta execução. Praticar os movimentos de levantamento de peso sem boa técnica pode ser perigoso, com grande chance de ocorrência de lesão.

3.111

Métodos com zonas de treinamento combinadas

O treinamento nas zonas de força máxima, velocidade máxima e potência máxima produz diferentes alterações no desempenho da potência muscular. Diante dessa realidade, muitos pesquisadores concluíram que o efeito da combinação dos métodos de treinamento produz melhor resultado para melhorar a potência do que a utilização isolada de cada um deles. Tal fato ficou evidente em estudos que realizaram diferentes testes de potência máxima, velocidade de corrida (10 a 30 metros) e saltos (Harris et al., 2000; Cormie et al., 2007). Venturelli et al. (2007), por exemplo, confirmaram bons resultados com jogadores de futebol. O grupo que treinou combinando exercícios de força máxima com saltos e aceleração apresentou melhor desempenho nos testes de salto, velocidade de corrida e força no *leg-press* do que os grupos que treinaram somente força ou somente salto e aceleração. Isso mostra que a combinação dos métodos de treinamento de potência pode ser eficiente estratégia no treinamento de goleiros.

Métodos de treinamento complexo

Recentemente, foi criado um método de treinamento que utiliza dois tipos de exercícios diferentes na mesma série de treino, denominado método de treinamento complexo (ou contraste). Esse método utiliza um exercício de força (com carga em torno de 70% de uma repetição máxima) no começo da série; após a execução, o atleta realiza exercícios explosivos com alta velocidade (como saltos, chutes e acelerações), como mostra a Figura 3.112, a seguir.

Essa metodologia foi criada com a intenção de transferir o recrutamento das fibras musculares do treino de força para o movimento explosivo. Ainda não existe evidência científica comprovando a eficiência desse método de treinamento; mesmo assim, ele é muito usado por preparadores e treinadores.

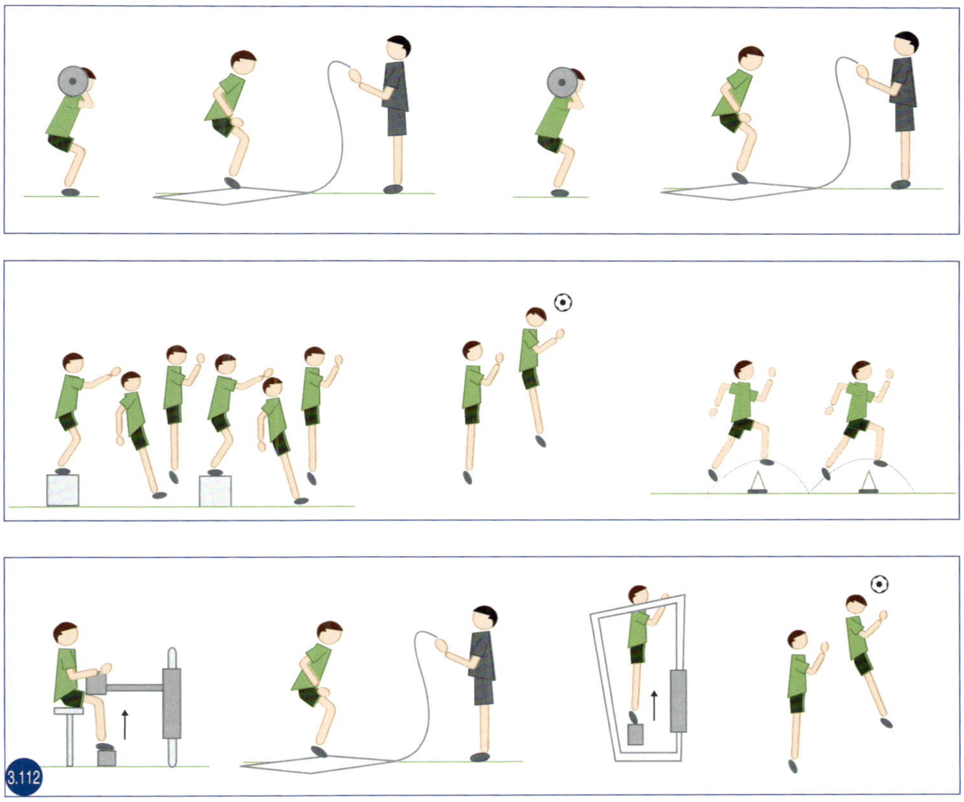

3.112

Treinamento em crianças

Durante a fase de crescimento e desenvolvimento, as crianças passam por diversas etapas de evolução. Nessas etapas, elas precisam de estímulos específicos para o desenvolvimento de determinada capacidade motora. Nos movimentos de potência, a sincronização da musculatura envolvida na ação do movimento é essencial.

Kotzamanidis (2003) realizou estudo que encontrou significante aumento de desempenho no teste de corrida de 30 metros e salto vertical com o treino de corridas curtas em crianças pré-púberes. Isso aconteceu porque o treinamento de corridas curtas melhorou o padrão de recrutamento muscular na realização do movimento. As crianças precisam executar estímulos de corrida, chute, salto e lançamentos para aprenderem a realizar os movimentos de potência com correto padrão de recrutamento muscular. Esses exercícios devem ser trabalhados com maior ênfase no começo da infância (por volta dos 8 anos) e no começo da puberdade.

Além do recrutamento muscular, o ciclo alongamento-encurtamento também pode ser treinado. Diallo et al. (2001) encontraram resultados positivos na aplicação do treinamento de pliometria (com diversos tipos de salto). O treinamento pliométrico promoveu aumento de desempenho nos testes de velocidade, impulsão vertical e potência gerada em jogadores de futebol entre 12 e 13 anos.

Diferentemente dos exercícios de alta velocidade de execução, o treinamento de força máxima para o aprimoramento da potência muscular deve ser utilizado somente quando as crianças entrarem no processo de maturação (em média, por volta de 14-15 anos). O estudo de Gorostiaga et al. (2004) mostrou resultados positivos com o treinamento combinado de exercícios de força e velocidade em jogadores de futebol entre 16 e 18 anos.

Na literatura, ainda não existe um protocolo ideal de treinamento de força que possa ser utilizado em cada faixa etária, com quantificação de cargas e volume de treinamento. É importante realizar os exercícios de treino com boa técnica de execução dos movimentos e aumentar gradualmente, de maneira segura e eficiente, a intensidade dos exercícios de desenvolvimento da força/potência, visando a resultados em longo prazo.

Exemplo de organização dos métodos de treinamento (estudo de caso)

Nos tópicos anteriores, foram apresentados vários exemplos de exercícios para o trabalho preventivo de lesões e para o aprimoramento do rendimento, mas não foi enfatizada a organização dos exercícios ao longo do tempo. Nesta parte do capítulo, será apresentado um estudo de caso sobre o desenvolvimento do processo de treinamento físico realizado numa equipe profissional. Terá como base o artigo escrito pelo treinador de goleiros Gianluca Spinelli, da equipe profissional do Genoa, da primeira divisão da Itália. No texto, ele descreve como foi o processo de treinamento realizado com "Rubinho" (goleiro brasileiro formado no Corinthians) desde o momento em que foi contratado.

Spinelli (2008) relata que, no começo do trabalho, o atleta passou por avaliação da condição física e da experiência anterior com métodos de treinamento. Foi constatado que ele nunca tinha realizado trabalho específico para melhorar a condição física, fato que prejudicava a execução de exercícios que utilizavam pesos livres, principalmente pela dificuldade em adotar a postura adequada em razão da falta de força. Como aspecto positivo, ele demonstrou ser muito coordenado e possuir grande repertório motor.

Analisando a situação, o treinador dividiu o trabalho de preparação física em três etapas: a primeira, de adaptação aos exercícios; a segunda, de condicionamento geral; e a terceira, de treinamento específico. Na primeira etapa, o objetivo era ensinar a correta execução dos exercícios. Assim, foi enfatizada a execução do movimento, e não a intensidade da carga de trabalho. Foram utilizados exercícios com pesos livres, principalmente o agachamento.

Na segunda etapa, o objetivo era fortalecer a musculatura envolvida na realização dos exercícios de potência que seriam utilizados na terceira etapa. Para aumentar a força, foi priorizado o treino direcionado para os músculos extensores e estabilizadores do tronco. Essa etapa foi composta de três fases: fase de fortalecimento geral, de aumento progressivo da quantidade de treinos (aumento da frequência semanal) e, por último, a fase de aumento da intensidade dos exercícios (trabalho de força máxima).

Na terceira etapa, o objetivo era o aprimoramento da capacidade de potência e a transferência para os gestos específicos do jogo. Foram utilizados os exercícios de levantamento de peso (arranco e arremesso) e seus respectivos exercícios educativos como base para o aprimoramento da capacidade de potência.

Além desse programa de treinamento, foram praticados vários exercícios preventivos para fortalecimento dos músculos da cintura escapular (articulação do ombro), responsáveis pela extensão do braço e pela rotação externa. Também foi realizado trabalho de incremento da força dos músculos estabilizadores do tronco e de propriocepção, tanto dos membros inferiores como dos superiores.

Volume do treinamento específico

O número ideal de repetições recomendado para o treinamento específico dos goleiros ainda gera muitas dúvidas para a maioria dos treinadores. As repetições devem ser longas o suficiente para facilitar a retenção mínima do aprendizado e curta o necessário para não provocar fadiga. Quase não existem na literatura artigos que abordam tal tema. Diante dessa realidade, o treinamento de goleiro acaba sendo realizado de forma completamente empírica, com cada treinador escolhendo, de maneira particular, o volume ideal de repetições.

Rapacioli (2002) escreveu um dos poucos artigos que abordam esse tema. Ele demonstra grande preocupação com o tempo de recuperação dos exercícios e o número ideal de repetições. Sugere que os exercícios não devem ultrapassar 10 segundos de execução, com 6 a 8 repetições em média. Para os exercícios mais intensos, com muitos saltos e deslocamentos, ele sugere tempo de execução de 4 a 5 segundos e volume de 2 a 3 repetições. O intervalo de recuperação deve ser completo.

Conclusão

O padrão de atividade dos goleiros é muito diferente do dos outros atletas. Tal condição coloca em evidência a necessidade de treinamento especializado, especialmente em relação à preparação física. Ao longo do capítulo, foram debatidos vários aspectos importantes do trabalho físico aplicado aos goleiros desde a fase de iniciação até o alto rendimento. Entre aquele, que merecem maior destaque, estão o correto trabalho de formação (com o desenvolvimento da flexibilidade, o fortalecimento geral e a coordenação dos movimentos) e a variedade de metodologias de treinamento para aprimoramento da potência muscular.

Como na literatura não existe o denominado modelo ideal de treinamento, para desenvolver uma metodologia de trabalho é muito importante conhecer vários métodos de treinamento aplicáveis às diferentes faixas etárias (com suas virtudes e deficiências). O treinador precisa saber avaliar as principais necessidades dos atletas e as condições do ambiente de trabalho, para selecionar e aplicar os exercícios mais adequados à realidade.

Referências

Aagard, P. et al. Increased Rate of Force Development and Neural Drive of Human Skeletal Muscle Following Resistance Training. *J. Appl. Physiol.*, v. 93, n. 4, p. 1318-26, 2002.

Aura, O.; Vitassalo, J. T. Biomechanical Characteristics of Jumping. *Internat. J. Sport Biomec.*, v. 5, p. 89-98, 1989.

Barbanti, V. J. *Formação de esportistas*. Barueri: Manole, 2005.

Behm, D. G. et al. The Use of Instability to Train the Core Musculature. *Appl. Physiol. Nutr. Metabol.*, v. 35, p. 91-108, 2010.

Bogdanis, G. et al. Effects of a Hypertrophy and a Maximal Strength Training Program on Speed, Force and Power of Soccer Players. In: World Congress on Science and Football, 6., 2007, *J. Sports Sci. Med.*, v. 6, n. 10, p. 78-9, 2007. Suplemento.

Borghuis, J.; Hof, A. L.; Lemmink, K. A. P. M. The Importance of Sensory-Motor Control in Providing Core Stability Implications for Measurement and Training. *Sports Med.*, v. 38, n. 11, p. 893-916, 2008.

Bradley, P. S.; Portas, M. D. The Relationship Between Preseason Range of Motion and Muscle Strain Injury in Elite Soccer Players. *J. Strength Cond. Res.*, v. 21, n. 4, p. 1155-9, 2007.

Charnock, B. L. et al. Adductor Longus Mechanics During the Maximal Effort Soccer Kick. *Sport. Biomech.*, v. 8, n. 3, p. 223-34, 2009.

COMETTI, P. G. La pliométrie. *Rev. Educ. Phsy Sport*, v. 264, mar.-abr., p. 39-50, 1997.

CORMIE, P. et al. Power Versus Strength – Power Jump Squat Training: Influence on the Load – Power Relationship. *Med. Sci. Sports Exerc.*, v. 39, n. 6, p. 996-1003, 2007.

DIALLO, O. et al. Effects of Plyometric Training Followed by a Reduced Training Programme on Physical Performance in prepubescent Soccer Players. *J. Sports Med. Phys. Fit.*, v. 41, n. 3, p. 342-8, 2001.

GOROSTIAGA, E. M. et al. Strength Training Effects on Physical Performance and Serum Hormones in Young Soccer Players. *Eur. J. Appl. Physiol.*, v. 91, n. 5-6, p. 698-707, 2004. Erratum in: *Eur. J. Appl. Physiol.*, v. 93, n. 4, p. 507, 2005.

HANSEN, L. et al. Development of Muscle Strength in Relation to Training Level and Testosterone in Young Male Soccer Players. *J. Appl. Physiol.*, v. 87, n. 3, p. 1141-7, 1999.

HARRIS, G. R. et al. Short-term Performance Effects of High Power, High Force, or Combined Weight Training Methods. *J. Strength Cond. Res.*, v. 14, n. 1, p. 14-20, 2000.

HOFF, J. Training and Testing Physical Capacities for Elite Soccer Players. *J. Sports. Sci.*, v. 23, n. 6, p. 573-82, 2005.

IMPELIZZERI, F. M. et al. Effect of Plyometric Training on Sand Versus Grass on Muscle Soreness and Jumping and Sprinting Ability in Soccer Players. *Br. J. Sports Med.*, v. 42, p. 42-6, 2008.

KOTZAMANIDIS, C. The Effect of Sprint Training on Running Performance and Vertical Jumping in Pre-adolescent Boys. *J. Mov. Stud.*, v. 44, p. 225-40, 2003.

LAMAS, L. et al. Efeito de dois métodos de treinamento no desenvolvimento da força máxima e potência muscular em membros inferiores. *Rev. Bras. Educ. Fís. Esp.*, v. 22, n. 3, p. 35- 45, 2008.

LEES, A.; NOLAN, L. The Biomechanics of Soccer: A Review. *J. Sports. Sci.*, v. 16, p. 211-34, 1998.

LEPHART, S. M. et al. Neuromuscular and Biomechanical Characteristic Changes in High-school Athletes: A Plyometric Versus Basic Resistance Program. *Br. J. Sports. Med.*, v. 39, p. 932-8, 2005.

MALINA, R. M. et al. Maturity-associated Variation in the Growth and Functional Capacities of Youth Football (Soccer) Players 13-15 Years. *Eur. J. Appl. Physiol.*, v. 91, n. 5-6, p. 555-62, 2004.

MANUELE, A. *E' importante allenare la forza esplosiva degli arti inferiori del portiere agli angoli che prevalgono in gara nei movimenti del salto?* 2002. Disponível em: <http://www.calciatori.com/magazine1.nsf/magazine/82A79E9CEDD55640C1256BB3003479A4?OpenDocument>. Acesso em: jan. 2010.

MARTINI, B. *Présentation du travail spécifique des gardiens de but de l'Institut du Gardien de But de Cavaillon (84) en présence de Bruno Martini* (Entraîneur des gardiens de but de l'équipe de France). Disponível em: <http://www.entraineurdefoot.com/martini.html>. Acesso em: jan. 2010.

MASCHERINI, G. et al. Il *portieri di calcio analisi biomeccanica di un gesto tecnico*. 2007. Disponível em: <http://www.calciatori.com/magazine1.nsf/magazine/A9682A3353CD239AC12572E40030C1C0?OpenDocument>. Acesso em: jan. 2010.

MERO, A.; KOMI, P. V.; GREGOR, R. J. Biomechanics of Sprint Running. *Sports. Med.*, v. 13, n. 6, p. 376-92, 1992.

MYERS, J. B. et al. On-the-field resistance-tubing Exercises for Throwers: An Electromyographic Analysis. *J. Athl. Train.*, v. 40, n. 1, p. 15-22, 2005.

MYERS, J. B.; LEPHART, S. M. The Role of the Sensorimotor System in the Athletic Shoulder. *J. Athl. Train.*, v. 35, n. 3, p. 351-63, 2000.

OSTOJIC, S. M. Comparing Sports Injuries in Soccer: Influence of a Positional Role. *Res. Sports. Med.*, v. 11, n. 3, p. 203-8, 2003.

Rapacioli, C. *La programmazione stagionale dei portieri dilettanti*. 2002. Disponível em: <http://www.calciatori.com/magazine1.nsf/magazine/6188A6E9C990649CC1256BB80045BBC0?OpenDocument>. Acesso em: jan. 2010.

______. *Capacità coordinative, approccio e impostazione per le palle alte*. 2004. Disponível em: <http://www.calciatori.com/magazine1.nsf/magazine/59524F8557768BB7C1256E2E006EAD2E?OpenDocument>. Acesso em: jan. 2010.

______. *La préparation pre-championnat du gardien (extraits)*. Disponível em: <http://www.entraineurdefoot.com/la%20preparation%20prechampionnat%20du%20gardien.pdf>. Acesso em: jan. 2010.

Riemann, B. L.; Lephart, S. M. The Sensorimotor System, Part I: The Physiologic Basis of Functional Joint Stability. *J. Athl. Train.*, v. 37, n. 1, p. 71-9, 2002a.

______. The Sensorimotor System, Part II: The Role of Proprioception in Motor Control and Functional Joint Stability. *J. Athl. Train.*, v. 37, n. 1, p. 80-4, 2002b.

Sainz de Baranda, P.; Ortega, E.; Palao, J. M. Analysis of Goalkeepers' Defence in the World Cup in Korea and Japan in 2002. *Eur. J. Sport. Sci.*, v. 8, n. 3, p. 127-34, 2008.

Schimitt, K.; Schlittler, M.; Boesiger, P. Biomechanical Loading of the Hip During Side Jumps by Soccer Goalkeepers. *J. Sports. Sci.*, v. 28, n. 1, p. 53-9, 2010.

Spinelli, G. *Portiere brasiliano allenamento italiano*. 2008. Disponível em: <http://www.calciatori.com/magazine1.nsf/magazine/8F6E8E4D86433257C1257486004A88E3?OpenDocument>. Acesso em: jan. 2010.

Spinelli, G.; Barbero, P. *Come prevenire gli infortuni alla spalla del portiere*. 2009. Disponível em: <http://www.calciatori.com/magazine1.nsf/magazine/D6C7F5BE2E1588DFC12575B600244B8B?OpenDocument>. Acesso em: jan. 2010.

Spratford, W.; Mellifont, R.; Bukett, B. The Influence of Dive Direction on the Movement Characteristics for Elite Football Goalkeepers. *Sport. Biomech.*, v. 8, n. 3, p. 235-44, 2009.

Squinzani, L. *Portieri*: una prestazione d'equilibrio. 2009. Disponível em: <http://www.calciatori.com/magazine1.nsf/magazine/5B4599C048491D0EC125756E002CE1DD?OpenDocument>. Acesso em: jan. 2010.

Venturelli, M.; Trentin, F.; Bucci, M. Strength Training for Young Soccer Players. In: World Congress on Science and Football, 6., 2007, *J. Sports Sci. Med.*, v. 6, n. 10, p. 80-1, 2007. Suplemento.

Vernetti, M. *Gli infortuni alla spalla del portiere*: prevenzione, riabilitazione e cura e programmi riabilitativi. 1ª parte. 2008. Disponível em: <http://www.calciatori.com/magazine1.nsf/magazine/89E17ABDB97B4C0CC1257430002413B0?OpenDocument>. 2ª parte: <http://www.calciatori.com/magazine1.nsf/magazine/1FEF4E0A1F69698AC1257441002C1E9E?OpenDocument>. 3ª parte: <http://www.calciatori.com/magazine1.nsf/magazine/AF5B0D5B826F990DC125745700458DD3?OpenDocument>. 4ª parte: <http://www.calciatori.com/magazine1.nsf/magazine/FB7160E0AC84A42EC1257457007014CC?OpenDocument>. Acesso em: jan. 2010.

Vinaspre, P. L.; Porta E Cos, F. El entrenamiento de la fuerza en los deportes de equipo. *Apunts, Educ. Fís. Deportes*, V. 43, p. 55-62, 1996.

Willardson, J. M. Core Stability Training: Applications to Sports Conditioning Programs. *J. Strength Cond. Res.*, v. 21, n. 3, p. 979-85, 2007.

Wisloff, U. et al. Strong Correlation of Maximal Squat Strength with Sprint Performance and Vertical Jump Height in Elite Soccer Players. *Br. J. Sports Med.*, v. 38, p. 285-8, 2004.

4

Preparação psicológica

Tania Leandra Bandeira
Roberto Tadeu Iaochite

Como relatam livros e artigos, foi no futebol que a Psicologia Esportiva iniciou-se e ganhou destaque nacional em nosso país. Os registros da literatura apontam que, no Brasil, os primeiros trabalhos realizados na área da Psicologia Esportiva ocorreram com atletas e árbitros de futebol (Rubio, 2000). Tendo como base essas intervenções, outros trabalhos foram e continuam sendo realizados em diversas modalidades esportivas em nosso país. No entanto, encontramos poucos trabalhos relatando e discutindo a aplicação desses trabalhos atuais. O que mais encontramos são pesquisas de alunos de graduação e pós-graduação avaliando os aspectos emocionais dos atletas de diferentes esportes. Esses trabalhos representam medidas pontuais que visam avaliar, num dado momento, determinando aspecto psicológico. Embora esses resultados sejam fundamentais para o trabalho com a Psicologia Esportiva, a área carece de estudos que descrevam os processos que levaram à obtenção de seus resultados.

Mesmo assim, a Psicologia Esportiva é uma área que vem crescendo no Brasil, atualmente regulamentada pelo Conselho Federal de Psicologia (CFP), como uma especialidade da Psicologia, com cursos de pós-graduação para aqueles que querem atuar na prática. Acreditamos que, em mais alguns anos, teremos mais produções vindas tanto do meio acadêmico quanto aquelas originadas das intervenções dos profissionais em diferentes contextos de prática.

Neste trabalho, para discutirmos a preparação psicológica do goleiro, mediada pelos achados na literatura, faremos uma passagem sobre a História da Psicologia Esportiva atrelada ao futebol; depois, apresentamos sua definição, assim como as funções do psicólogo esportivo. Na sequência, discutiremos, ainda que brevemente, o que é importante na preparação psicológica das categorias de base, na adolescência e na fase adulta do atleta de futebol, finalizando com a discussão de algumas especifi-

cidades que devem ser respeitadas ao se trabalhar especificamente com o goleiro. Apesar de toda essa discussão, é fundamental que o contexto cultural em que o trabalho ocorre seja levado em consideração, uma vez que os atletas apresentam necessidades e expectativas diferentes de acordo com sua história de vida, bem como agem e sofrem influências desse contexto em que estão inseridos.

O futebol brasileiro e a Psicologia Esportiva

Em se tratando de futebol, encontramos tantas definições, poemas, livros, comentários e reportagens, entre outros materiais, que é até difícil definirmos, de maneira satisfatória, o que significa essa manifestação cultural em nosso país. Todavia, escolhendo uma que mais se parece com um poema que com a definição de uma modalidade esportiva, temos que:

> O futebol é a alegria que contagia o povo brasileiro. É um momento mágico onde, por alguns instantes, podemos esquecer, ou suavizar os problemas do país. Deixar de lado as diferenças sociais e as dificuldades da vida, simplesmente pelo prazer de contemplar um espetáculo com 90 minutos de duração. Uma mistura, às vezes, de frustração e felicidade. (Silva, 2010, p. 42)

Apesar de o futebol ser um espetáculo para quem o aprecia, inclusive nos campinhos de várzea, os jogadores estão, inevitavelmente, expostos a um número potencial de situações estressoras que afetam seus rendimentos. Por isso, obterão sucesso em sua carreira aqueles que conseguirem alcançar bons resultados apesar das pressões advindas do ambiente esportivo, competitivo, superando incertezas e angústias.

O primeiro profissional a atuar com a Psicologia Esportiva no futebol foi o psicólogo João Carvalhaes, em 1954, com a Federação Paulista de Árbitros de Futebol e, depois, em 1958, com a equipe do São Paulo Futebol Clube, na qual ficou por 19 anos, e, no mesmo ano, com a seleção brasileira de futebol (na Suécia), ano em que esta foi campeã mundial (Rodrigues, 2006; Rubio, 2007). Em 1974, Carvalhaes publicou o livro *Psicologia no futebol*, no qual descreveu o trabalho realizado nessa modalidade e suas demais particularidades (Abdo, 2000; Rubio, 2000; Cozac, 2004; Valdés Casal, 2007).

O segundo psicólogo a desenvolver um trabalho com a Seleção Brasileira de Futebol foi Athayde Ribeiro da Silva, na Copa de 1962, no Chile. Entre suas contribuições ao longo dos anos, é possível citar a publicação do primeiro livro de Psicologia do Esporte no Brasil, *Futebol e Psicologia*, escrito em parceria com outro psicólogo, Emílio Mira, em 1964; sua participação, em 1965, no I Congresso Mundial de Psicologia do Esporte, em Roma, com o trabalho *Observações sobre Psicologia aplicada ao futebol*; e a publicação, em 1965, do seu segundo livro, *Psicologia esportiva e a preparação do atleta*, no qual buscava ampliar a aplicação da Psicologia a outras modalidades que não apenas o futebol (Abdo, 2000; Rubio, 2000; Cozac, 2004; Rodrigues, 2006; Valdés Casal, 2007).

A partir da década de 1970, outros psicólogos contribuíram com o desenvolvimento dessa área em nosso país. Em 1971, o psicólogo João Serapião trabalhou no Guarani Futebol Clube, em Campinas; em 1973, o psiquiatra e psicanalista Paulo Gaudêncio trabalhou no Sport Club Corinthians; em 1982, foi a vez do psiquiatra Flávio Gikovate trabalhar no mesmo clube que seu colega de profissão médica. Mas foi em São Caetano do Sul, São Paulo, que, a partir de 1976, o CELAFISCS (Centro de Estudos do Laboratório de Aptidão Física de São Caetano do Sul) começou a desenvolver o setor de Psicologia aplicada ao esporte, impulsionando no país outros grupos de pesquisa e laboratórios quem também passaram a produzir conhecimentos nessa área (Abdo, 2000; Rubio, 2000).

Como exemplo de contribuições na área e para a área da Psicologia Esportiva no Brasil, temos os trabalhos de Dante de Rose Jr. da USP (Universidade de São Paulo), Afonso Antônio Machado, da UNESP (Universidade Estadual Paulista) de Rio Claro, Pedro José Winterstein, da Unicamp (Universidade de Campinas), Dietmar Samulski, da UFMG (Universidade Federal de Minas Gerais), a professora e psicóloga esportiva Regina Brandão, docente da USJT (Universidade São Judas Tadeu), Kátia Rubio, também da USP, e Benno Becker Júnior, da ULBRA-RS (Universidade Luterana do Brasil – Rio Grande do Sul), além de tantos outros profissionais da Educação Física e da Psicologia que atuam em diversos locais, tanto em universidades como em clubes pelo país (Rubio, 2000).

Conforme apontado por Rodrigues (2006), a Psicologia Esportiva tem se desenvolvido apenas em alguns núcleos. Ou seja, é possível identificar grandes avanços nessa área em São Paulo, Minas Gerais, Paraná, Rio Grande do Sul e alguns outros mais modestos, nas regiões Norte e Nordeste do país. Mas a inter-relação que deveria existir entre esses núcleos é mínima, o que, sem discussão, influencia diretamente os canais de comunicação voltados a proporcionar novos profissionais.

Psicologia Esportiva e psicólogo esportivo

Fontes diversas – livros, artigos científicos, diretrizes de conselhos profissionais etc. – apresentam fatos da história da Psicologia Esportiva, enquanto área de estudo e aplicação de conhecimentos. Cada qual segue um caminho próprio, contando fatos, trajetórias acadêmicas e competências para sua aplicação prática. A seguir, apresentamos algumas definições dessa área que se convergem, seus diferentes campos de atuação, assim como as diferentes funções que pode exercer um psicólogo esportivo.

Definição

Para Weinberg e Gould (2008), a Psicologia Esportiva refere-se ao estudo científico das pessoas envolvidas no contexto esportivo e no exercício físico, considerando que as investigações nesse domínio têm dois objetivos: aprender como é que os fatores psicológicos afetam o desempenho físico dos indivíduos e compreender como é que a participação no esporte e no exercício físico afeta o desenvolvimento psicológico, a saúde e o bem-estar.

Thomas (1980 apud Machado, 1997) acredita que a Psicologia Esportiva deve investigar, como disciplina científica, as causas e os efeitos dos processos psíquicos que acontecem com o ser humano, antes, no decorrer e depois de uma atividade esportiva ou de lazer.

No Brasil, Becker Jr. (2000, p. 19) define a Psicologia Esportiva como

> a disciplina que investiga as causas e os efeitos das ocorrências psíquicas que apresenta o ser humano antes, durante e após o exercício ou o esporte, sejam estes de cunho educativo, recreativo, competitivo ou reabilitador.

Campo de atuação

Quanto ao campo de atuação, Samulski (2009) aponta quatro áreas em que a Psicologia Esportiva pode se fazer presente:

- no esporte de rendimento: para otimização da *performance;*
- no esporte escolar: na formação e preparação de seus praticantes para a cidadania e para o lazer;
- no esporte recreativo: que visa ao bem-estar de todas as pessoas;
- no esporte de reabilitação: para o desenvolvimento de um trabalho de prevenção e intervenção em pessoas portadoras de algum tipo de lesão decorrente da prática esportiva, ou não, assim como em pessoas portadores de deficiência física e mental.

De acordo com a Associação Americana de Psicologia – Divisão 47 (www.apa47.org), que corresponde à Divisão do Exercício e Psicologia do Esporte (APA, 1999 apud Rubio, 2000, p. 16),

> o interesse dos psicólogos do esporte está voltado para duas áreas: ajudar atletas a fazerem uso de princípios psicológicos para alcançar um nível ótimo de saúde mental e otimizar sua *performance* e esclarecer como a participação em atividades físicas e esportivas altera o desenvolvimento psicológico, o bem-estar e a saúde de atletas e não-atletas. Nessa perspectiva fica claro que o trabalho do psicólogo do esporte não se restringe apenas ao esporte de alto rendimento e ao atleta com um nível de habilidades motoras.

FUNÇÕES DO PSICÓLOGO ESPORTIVO

Em relação às funções do psicólogo esportivo, para Buceta (2008), há dois objetivos fundamentais: auxiliar o atleta a desenvolver uma condição psicológica adequada para que obtenha o benefício máximo do tempo de treinamento realizado (ou seja, que treine o melhor possível e assimile bem o trabalho realizado no treinamento) e melhorar sua capacidade psicológica para aperfeiçoar o rendimento nos jogos.

Para Weinberg e Gould (2008), os psicólogos do esporte precisam entender e ajudar os atletas de elite, crianças, atletas jovens, portadores de limitações físicas e mentais, pessoas da terceira idade e pessoas que praticam atividades esportivas no seu tempo livre, com a finalidade de desenvolver um bom rendimento, uma satisfação pessoal e um bom desenvolvimento da personalidade por meio da participação. Nesse sentido, esses autores apontam que o psicólogo esportivo tem três papéis básicos:

- a investigação/pesquisa: destinada a contribuir para o avanço e o desenvolvimento da teoria do conhecimento nessa área;
- a formação e o ensino de temas diversos no domínio da Psicologia, para professores e estudantes, assim como para os mais diversos agentes desportivos;
- a consultoria em Psicologia Esportiva: ligada ao apoio a atletas, treinadores, equipes e organizações esportivas, tendo em vista o desenvolvimento de competências para melhoria do rendimento e/ou do bem-estar.

Como visto, a função do psicólogo do esporte não se limita aos atletas, aliás, ela vai muito além, chega até mesmo, por exemplo, à pesquisa com a torcida. Para Valdés Casal e Brandão (2007), as funções do psicólogo esportivo são várias, e as tarefas psicológicas a serem cumpridas podem ser divididas em relação ao atleta; à equipe multidisciplinar, sobretudo, ao treinador; com os árbitros; com as instituições nas quais se desenvolve o esporte; e ao próprio autoaperfeiçoamento do trabalho profissional, a qual se refere à investigação científica.

Outras sociedades e associações nacionais e internacionais, como a ISSP (Sociedade Internacional de Psicologia do Esporte – http://www.issponline.org); a AAASP (Associação para o Avanço da Psicologia do Esporte Aplicada – http://appliedsportpsych.org); a FEPSAC (Federação Europeia de Psicologia do Esporte e das Atividades Corporais – http://www.fepsac.org); e o CFP e CRP (Conselho Federal e Regional de Psicologia do Brasil – http://www.pol.org.br e http://www.crpsp.org.br/crp) também apresentam suas definições sobre as competências do profissional de Psicologia Esportiva, assim como sua conduta ética (Rodrigues, 2006).

PREPARAÇÃO PSICOLÓGICA APLICADA ÀS CATEGORIAS DE BASE

Quando falamos de categorias de base, falamos basicamente de crianças. Nesse caso, não apenas, mas inclusive o psicólogo do esporte deve avaliar os cuidados que os atletas necessitam em sua formação, como educação e saúde física e psíquica. Para isso, é necessário atuar integrado com a equipe de forma interdisciplinar, almejando a transdisciplinaridade, ou seja, com base nas distintas linguagens características de cada área do saber, buscar "a construção de um único domínio linguístico, capaz de refletir a multidimensionalidade da realidade" (Scaglia e Medina, 2008, p. 13), pois a atividade esportiva se distingue da maioria das outras atividades do dia a dia por proporcionar vivências emocionais intensas, as quais podem exercer uma influência positiva ou negativa sobre os processos orgânicos e a conduta de cada um.

Segundo Brandão (Equipe Universidade do Futebol, 2008, p. 1):

> O aumento do estresse nas competições, por exemplo, pode fazer o atleta reagir física e mentalmente de maneira negativa e isto irá afetar seu rendimento. Ele pode ficar tenso, ter taquicardia, suor frio, preocupar-se com o resultado da competição e sentir dificuldades para se concentrar na tarefa. Logo, é preciso que o atleta tenha capacidade de dominar suas emoções, que possa lidar com uma diversidade de vivências emocionais e com o dinamismo dos estados emocionais durante as competições, ou seja, a passagem rápida de um sentimento a outro que, em determinadas ocasiões, podem ser opostos.

Devemos considerar ainda que nem todas as crianças almejam como meta o esporte de alto rendimento e podem realmente não se tornar atletas (Ramirez, 1999). O que significa dizer que, para além da possibilidade de ser atleta, há contribuições vindas do trabalho com a Psicologia Esportiva no campo da prática da atividade física com vistas ao desenvolvimento de hábitos saudáveis, de lazer, diversão etc., assim como aplicação dos conhecimentos dessa área podem contribuir, desde a base, para o aumento da qualidade de habilidades psicológicas na vida desses que estão se formando como pessoas e atletas (Núñez Cárdenas apud Coqueiro e Honorato, 2008).

No caso de crianças, a escolha precoce pela carreira no esporte, assim como a influência de pais e treinadores, pode interferir de maneira negativa no processo de amadurecimento emocional e trazer sofrimento psíquico na busca pela própria identidade, o que, consequentemente, repercute no rendimento esportivo. Nesse processo de formação e transformação, a criança traz valores e perspectivas morais, normas e crenças já aprendidas na família, na escola e na comunidade e tenta reformulá-las. Além disso, muitas vezes, a escolha pela prática do esporte não é da criança, mas, sim, dos pais, o que pode gerar dificuldades no desenvolvimento dessa criança. Essa é outra situação que o psicólogo esportivo precisa avaliar e em que precisa atuar.

A criança busca modelos de identificação em adultos de sua convivência e se depara com a figura do técnico, o qual exerce grande influência em sua formação. Com um atleta ou com um grupo de atletas da categoria de base, o psicólogo esportivo, junto com o trabalho da comissão técnica, deve ter como comprometimento enriquecer e clarificar a dinâmica das relações e o foco das intervenções, assim como os integrantes da comissão técnica podem planejar desde o início da temporada uma série de intervenções integrando aspectos como segurança, apoio e motivação. Nesse sentido, é de extrema importância o envolvimento e a sensibilização dos dirigentes de clubes, para as necessidades emocionais específicas emergentes destes (Coqueiro e Honorato, 2008).

Em sua pesquisa, Markunas (2007) aponta diversas características importantes para o trabalho psicológico decorrentes das modalidades e competições esportivas. A criança começa a participar de competições esportivas dos 5 aos 12 anos, de acordo com a modalidade. No esporte coletivo, desde os 11-12 anos, já há regulamento das federações esportivas. Elas ingressam em escolinhas, clubes ou instituições de formação de atletas, onde são separadas em categorias, e sua formação como atletas vai acontecendo simultaneamente com outras descobertas. Essas mudanças são marcadas por lutos (perda do corpo infantil, dos pais de criança, perda da onipotência), uma vez que o indivíduo irá, aos poucos, perdendo sua identidade infantil e busca por uma nova identidade, tanto consciente como inconscientemente. Nesse momento, ele não quer o adulto conhecido; busca por outros adultos, os quais tenta idealizar, e é por isso que o técnico exerce muita influência, mesmo não percebendo.

As mudanças são lentas, e não pode haver pressões interna e externa que sejam muito intensas, uma vez que a expressão da emoção é necessária diante dessa nova construção de identidade. Já adolescente, passará por transformações em sua estrutura física, provocando um sentimento de impotência diante de uma realidade concreta. Essa dinâmica, muitas vezes, é manifestada nos pensamentos de fracasso, os quais desafia com atitudes de onipotência (Knobel, 1990).

Preparação psicológica e o atleta adolescente

Na tentativa de integração da personalidade, o adolescente enfrenta experiências do passado infantil com as exigências do meio externo (demandas sociais: vocação para o trabalho, relação com o sexo oposto, entre outras). Suas conquistas dependem também do reconhecimento advindo dos outros, que o auxilia encontrar maior segurança. Caso não consiga afirmar sua identidade no final da adolescência, é porque não conseguiu integrar as diversas identificações que seu ego realizou no decorrer do desenvolvimento e, infelizmente, o resultado poderá ser um adulto em permanente crise que representa papéis difusos e contraditórios (D'Andrea, 1982).

Na faixa etária de 11 e 12 anos, é normal os adolescentes não apresentarem uma estabilidade emocional para suportar a pressão em uma competição, por estarem conscientes do que está em jogo, e, assim, manifestarem uma ansiedade-estado competitiva, por exemplo, mais alta que a dos jogadores mais velhos ou com mais experiência. Foi o que apontou uma pesquisa realizada com o objetivo de identificar o nível de ansiedade-estado dos goleiros de futsal nas Olimpíadas Escolares, na qual se utilizou um questionário fechado, contendo quarenta perguntas sobre a ansiedade-traço e a ansiedade-estado, aplicado uma hora antes das partidas. O grupo pesquisado constituía-se de dez goleiros de futsal, devidamente matriculados no ensino fundamental II da rede pública de ensino, no município de Itaquaquecetuba-SP. Como conclusão, os resultados indicaram que a maioria dos jogadores pesquisados apresentou um alto nível de ansiedade-traço e ansiedade-estado (Da Silva e Sponda, 2009).

Para Martens (1987 apud Rubio, 2003), o nível de ansiedade é mais alto em alunos/atletas jovens, em particular os pré-adolescentes, que em outras faixas etárias. Os jovens alunos/atletas, com pouca experiência como nessa faixa etária de 11 e 12 anos de idade, por não apresentarem uma estabilidade emocional para suportar esse tipo de pressão em competição, por estarem conscientes do que está em jogo, manifestam uma ansiedade-estado competitiva mais elevada que os jogadores mais velhos ou com mais experiência.

É importante salientar que toda manifestação esportiva está intimamente relacionada à estrutura da sociedade na qual está inserida, uma vez que o esporte, por meio de sua organização, no processo de ensino-aprendizagem e na prática, expressa valores subjacentes desta (Rubio, 2002). Além disso, considera-se que o jovem constitui-se pela busca do prazer e/ou da fuga ao desprazer, resultado de lembranças associadas às experiências agradáveis ou desagradáveis, positivas ou negativas, que, inconscientemente, estão presentes nas mais diversas ações esportivas. Ou seja, o atleta irá lidar com emoções ou expressá-las diante da pressão da torcida da mesma forma como sempre lidou com as pressões exercidas oriundas de seus pais ou de figuras semelhantes (Ramirez, 1999).

Em busca da identidade, é natural que o adolescente possa se identificar com pessoas semelhantes, surgindo, desse modo, para muitos, o interesse pelo grupo, no qual se encontra o reforço necessário para seus aspectos mutáveis. O grupo pode ajudá-lo a solucionar grande parte de seus conflitos (Knobel, 1990). Nesse sentido, nas modalidades de esportes coletivos, o foco de intervenção psicológica é, principalmente, nas relações grupais, as quais colaboram com o estabelecimento dos vínculos, a organização de liderança e o autoconhecimento, entre outros (Rubio, 2002). Por isso só, podemos pensar que a prática do futebol facilita o autoconhecimento, mas, para isso, o goleiro precisa estar inserido nas intervenções psicológicas, o que nem sempre ocorre, até por falta de um psicólogo esportivo na comissão técnica.

É durante essas identificações que são projetivas que o adolescente pode ter o *insight* (compreensão interna) dessa etapa evolutiva de sua vida. Os grupos de adolescentes se formam com a necessidade de desvincular-se do grupo familiar. Os fenômenos grupais são inerentes ao homem, e a mentalidade grupal significa que todo o grupo funciona usualmente como uma unidade, mesmo que seus membros não tenham consciência disso (Osório, 1989).

O trabalho em grupo pode propiciar um melhor rendimento esportivo da equipe ou a habilidade para interagir e comunicar-se entre seus membros, o que pode auxiliar na superação de problemas comuns, bem como na habilidade global do atleta como ser humano (Becker Junior e Samulski, 2002).

PREPARAÇÃO PSICOLÓGICA E O ATLETA ADULTO

Para Weinberg e Gould (2008, p. 271), em relação aos técnicos,

> O treinamento de habilidades psicológicas é frequentemente negligenciado devido à falta de conhecimento, à percepção de falta de tempo ou à crença de que as habilidades psicológicas são inatas e não podem ser ensinadas.

Esses autores afirmam que, "Embora alguns atletas possuam capacidades físicas excepcionais, eles tiveram que trabalhar arduamente para desenvolver seus talentos e tornarem-se campeões" (p. 271). Um exemplo é o talentoso Michael Jordan, sobre o qual seus adversários diziam que seu traço mais impressionante era a competitividade. No entanto, permanecer calmo sob pressão, manter a concentração mesmo com as distrações e manter a confiança perante o fracasso simplesmente não são inatos. Ao contrário, são habilidades que necessitam de prática sistemática e integração com as outras capacidades e habilidades, como físicas, técnicas e táticas.

O preparo psicológico do atleta já na fase adulta deve voltar-se para o equacionamento de seus interesses e os interesses do complexo meio esportivo onde está inserido e com o qual precisa lidar. Às vezes, esses interesses são semelhantes, como o desejo de vitórias e aperfeiçoamento. Entretanto, podem divergir no que diz respeito ao desgaste do atleta na sua relação com qualquer aspecto deste ou de outro meio, como com a própria família. O psicólogo esportivo, diante disso, precisa centralizar sua atuação respeitando as situações de desejos entre os diversos componentes desse meio e os objetivos definidos anterior e coletivamente.

O ideal é iniciar a preparação psicológica juntamente da preparação física, para promover nos atletas um enfrentamento mais estruturado diante das competições e dos treinamentos, melhorando, dessa forma, suas habilidades físicas e psicológicas (Dosil, 2001 apud Coqueiro e Honorato, 2008). Contudo, esse trabalho deve continuar durante toda a temporada; assim como as outras habilidades exigidas em qualquer esporte, a habilidade psicológica também é exigida o tempo todo.

Há muitas habilidades psicológicas – aqui entendidas como habilidades mentais ou psicológicas (Weinberg e Gould, 2008) – para serem trabalhadas, como a motivação; a autoeficácia; a ativação, o estresse e a ansiedade; a comunicação; a autoconfiança; o restabelecimento quando se passa por uma lesão; a atenção e a concentração, entre outras. No entanto, tudo isso depende primeiro de uma avaliação com os atletas para saber se eles já participaram do trabalho de um psicólogo esportivo; em que condições estes se encontram, assim como a equipe, e, de acordo com o esporte praticado e sua função nele, quais suas expectativas em relação a seu rendimento no momento atual. O trabalho da Psicologia Esportiva precisa ser bem-planificado, porém, não de forma linear e rígida, uma vez que, dependendo do ocorrido em uma competição, por exemplo, todo o planejamento pode precisar ser reestruturado.

Apesar dos inúmeros aspectos com os quais o psicólogo esportivo precisa trabalhar, é preciso destacar os principais em relação ao momento pelo qual o atleta e a equipe estão passando. Não é possível trabalhar todos ao mesmo tempo.

Preparação psicológica para goleiros

No futebol, existem os diferentes posicionamentos, e o do goleiro não tem sido muito estudado quanto aos seus aspectos psicológicos, ou, como comentado no início deste trabalho, esses trabalhos não têm sido frequentemente relatados pela literatura, o que realça a necessidade de investigações nessa direção. Vejamos alguns.

Essa é uma posição em que o atleta sente-se muitas vezes sozinho e cobrado mais que os outros atletas, principalmente quando é feito um gol por uma falha sua (Bandeira, não publicado). Para Viana (1995), a escolha de uma posição no futebol significa assumir responsabilidades. E quando essa escolha é atuar como goleiro, inúmeras dificuldades devem ser superadas, tais como: os treinamentos exaustivos, a possível incompreensão do torcedor e até dos companheiros e da comissão técnica perante uma falha, a necessidade de autodisciplina, o controle emocional e a solidão (Mahl e Vasconcelos-Raposo, 2007).

Viana (1995) considera que há no esporte, principalmente no futebol, um momento em que toda a responsabilidade está nas mãos de um só atleta, e este deve ter noção dessa responsabilidade. Portanto, o goleiro deve ter consciência de que "não pode" cometer falha, daí a responsabilidade recai sobre ele, pois seus erros são mais visíveis que os de outros atletas, uma vez que uma falha pode terminar em gol. Entretanto, essa posição também tem seus privilégios, como a defesa de um pênalti, talvez o exemplo mais clássico de uma situação em que o merecimento é exclusivamente do goleiro.

Por conta das características peculiares dos goleiros, algumas pesquisas objetivam avaliá-los para compreender desde a escolha dessa posição até as características necessárias para o alcance do seu melhor rendimento, o que pode ajudar o psicólogo esportivo, assim como toda a comissão técnica, a planejar melhor o seu trabalho com esses atletas. Vejamos algumas.

Numa pesquisa que avaliou as atitudes e funções psíquicas de goleiros profissionais que atuam no futebol de campo, a atitude predominante foi a extroversão e a função psíquica foi a sensação. De acordo com o instrumento de pesquisa utilizado, predominaram os tipos psicológicos "Sensação Introvertida com Pensamento" e "Sensação Extrovertida com Pensamento", os quais se caracterizam por pessoas que buscam atividades que requeiram boa capacidade de concentração, interesse por trabalhos práticos e não teóricos, tolerância e fácil adaptação às rotinas de trabalho, além da preferência pelo trabalho que se propõem de forma disciplinada e perseverante (Scopel e Andrade, 2005).

Numa outra pesquisa (Bandeira, não publicado) realizada com atletas e ex-atletas, goleiros de futebol de campo e de futebol de salão, quando questionados sobre o que significa ser goleiro, responderam que essa é uma posição em que é preciso ter muita responsabilidade, dedicação, confiança, ao mesmo tempo que é apaixonante e complicada, até mesmo ingrata. Afirmaram ainda que, muitas vezes, quando o goleiro toma um gol, este é responsabilizado sozinho por aqueles que fazem parte do ambiente esportivo, como técnico e colegas de equipe, como se todos não fizessem parte de um mesmo grupo, ou seja, como se não fossem todos responsáveis pelo resultado.

A posição de goleiro pode ser mesmo, às vezes, ingrata, pois suas respostas apontam contradições. Ao mesmo tempo que dizem gostar da possibilidade de companheiros, comissão técnica e torcedores os considerarem heróis por impedirem os gols, também admitem dificuldades para manter a confiança e, consequentemente, a concentração após uma falha. Além disso, eles reclamam que se sentem mais afastados da equipe em treinos e jogos. Contudo, essa condição, curiosamente, aproxima-os (goleiros titulares e reservas), como se fossem um grupo diferente do restante da equipe, e torna-se até mesmo amigos, apesar da competitividade entre eles (Bandeira, não publicado).

Numa equipe, a aproximação dos goleiros ocorre muito mais com o preparador/treinador de goleiros que com qualquer outra pessoa da comissão técnica. É com esse treinador que eles têm mais afinidade e de quem, normalmente, recebem mais apoio quando erram. Esse é um papel importante desempenhado por esse profissional, principalmente quando não se tem qualquer trabalho de Psicologia Esportiva na equipe voltada especificamente para as características e necessidades dessa posição. Os reservas, por exemplo, comentam que se sentem chateados, que sabem que precisam melhorar e procuram justificar essa condição com o fato de serem mais novos em idade ou em tempo de clube em relação ao companheiro titular, porém, mantêm a expectativa para entrar em jogo a qualquer momento, a qual também se frustra a cada jogo em que ficam no banco (Bandeira, não publicado).

No seu trabalho de doutorado, a professora Regina Brandão (2000) teve como objetivo investigar os impactos de fatores de estresse em atletas do futebol, realizando dois estudos: elaboração e aferição de inventário de estresse no futebol e percepção do estresse por tempo de profissão e posição de jogo. No estudo de percepção do estresse por tempo de profissão e posição de jogo, foram avaliados 17 goleiros, 41 zagueiros, 47 meio-campistas e 32 atacantes. Destes, 36 tinham mais de oito anos de profissão, e 44, menos de três anos de profissão. Os resultados demonstraram que os jogadores experienciam uma variedade de fontes de estresse, indicando que a percepção das fontes estressantes é transituacional (ou seja, expressam em si mesmas um conjunto de ideias que superam o seu próprio significado literal), e que os diferentes tempos de experiência profissional podem representar diferenças na percepção de estresse. Além disso, pode-se inferir que existem diferenças na avaliação dos itens de estresse entre as posições do jogo, que podem ser vistas como características da especificidade da posição, e que diferentes graus de experiência podem representar diferenças na percepção do estresse, provavelmente relacionadas com a especificidade das posições.

Os goleiros apresentaram características muito marcantes nesse estudo. Diferentemente dos outros atletas, por exemplo, eles avaliaram como negativo "Jogar à noite". Para a autora da pesquisa,

> A acuidade visual e a percepção de profundidade são importantes aspectos da visão para um jogador de futebol. A capacidade de antecipar as jogadas dos atacantes adversários e a necessidade de um excelente dinamismo visual são fundamentais em especial para os goleiros por causa da função de "agarrar" a bola. Estas características podem explicar o porquê os goleiros avaliaram jogar à noite como negativo em relação às outras posições. (Brandão, 2000, p. 150)

Um fato curioso é a afirmação dos goleiros de que "Ser avisado que será titular minutos antes do jogo" não é algo positivo. Nessa pesquisa, os goleiros foram os únicos que avaliaram essa situação como negativa. De acordo com suas declarações, eles acreditam que há a necessidade de uma concentração prévia para a partida, uma preparação psicológica para o jogo. Conclui-se então que tanto o posicionamento quanto o tempo de experiência são importantes para que uma situação seja avaliada como negativa ou não (Brandão, 2000).

Outra pesquisa vem corroborar com a anteriormente citada sobre a importância do tempo de prática do atleta em relação à sua avaliação da situação. Vasconcelos-Raposo (1993, p. 174 apud Mahl, Vasconcelos-Raposo, 2007, p. 82) afirma que "mais anos de treino tendem a conduzir a uma maior capacidade de esforço, resistência e empenho por parte dos indivíduos", complementando com uma importante orientação: "à medida que o indivíduo se torna mais maduro, maior parece ser seu empenho no desenvolvimento e aperfeiçoamento de suas habilidades."

Além de o goleiro titular, uma equipe sempre tem, pelo menos, mais um que é reserva no jogo, ou ainda o terceiro e assim por diante. Em relação a essa posição, Spinelli (2005) diz que é mais difícil motivar um atleta reserva para treinar melhor e continuamente que fazê-lo com um titular, pois o reserva pode ficar uma temporada inteira no banco, ou até mesmo anos. Talvez apenas uma paixão pela posição e pelo esporte seja o que fascina um jogador durante sessões semanais de trabalho, e, claro, a esperança de que no futuro será titular. Quase sempre, o reserva é jovem e sabe que, se está numa equipe, é porque acreditam nele, e isso o faz querer melhorar para ser titular na próxima temporada.

Esse mesmo autor também considera que o ideal é ser o segundo goleiro no início ou no fim da carreira, já que o jovem goleiro é mais facilmente gerenciável e tem a possibilidade de jogar o campeonato novamente e ganhar experiência por meio da convivência com o goleiro titular, e o goleiro mais velho, por sua vez, por não ter muitas ambições, pode ser essencial para o crescimento e o apoio ao grupo.

Para se compreender essa questão da relação entre goleiros jovens e experientes, titulares e reservas, é preciso entender também que ser reserva pode significar treinar muitos anos e não jogar até que o goleiro titular se aposente ou troque de clube, o que pode demorar até dez anos ou mais, como ocorre em alguns clubes brasileiros, afinal, essa é uma posição em que o atleta precisa ter muita confiança no que faz, e dificilmente um técnico troca o goleiro titular durante um jogo ou mesmo durante uma temporada. Por isso, não está em jogo apenas a condição de ser goleiro, mas também a condição de ser reserva, assim como ser goleiro de futebol de campo; de futebol de salão; de futebol de areia; de futebol para cegos; fazer parte de uma equipe masculina ou feminina; equipe iniciante, intermediária ou adulta; competitiva ou de participação, entre outras variáveis.

Considerações finais

O trabalho com o goleiro nem sempre é específico nas categorias de base. Normalmente, esse trabalho começa a ocorrer quando o atleta é adolescente. Mesmo assim, é importante o psicólogo do esporte avaliar como a posição de goleiro afeta o desenvolvimento psicológico da criança, assim como as suas características afetam o seu desempenho. Além disso, não priorizando a especialização precoce, é interessante que os alunos vivenciem as diferentes posições na equipe, porém, alguns vão buscar mais vezes jogar na posição de goleiro. Logo, é importante avaliar a interferência das escolhas durante as vivências das crianças em diferentes posições. Devemos sempre considerar que essa é a base da formação das crianças que poderão também ser atletas.

Para os adolescentes, essa é uma fase de busca da identidade, e a identificação com algumas pessoas do grupo é comum, principalmente com os mais próximos, nesse caso, possivelmente, o treinador de goleiros. O grupo pode ajudar o adolescente a solucionar grande parte de seus conflitos

(Knobel, 1990), e, por isso, o foco de intervenção psicológica é, principalmente, nas relações grupais, as quais colaboram com o estabelecimento dos vínculos, a organização de liderança e o autoconhecimento, entre outros (Rubio, 2002). Entretanto, nessa fase o goleiro começa a ter parte do seu treino separado do restante do grupo, formando, assim, outro e pequeno grupo, o dos goleiros, que, às vezes, tornam-se amigos pelo fato de ficarem mais tempo juntos e, talvez, por apresentarem características semelhantes entre si. Esse fato merece atenção por parte de toda a comissão técnica, inclusive do psicólogo esportivo, que precisa avaliar quanto o distanciamento do grupo beneficia ou dificulta o relacionamento entre os goleiros e os outros jogadores e até mesmo o dele com o técnico, principalmente quando ele precisa do apoio deles perante uma falha sua.

Na fase adulta, o trabalho do psicólogo esportivo, assim como o do preparador físico e dos outros componentes da comissão técnica, deve ser de manutenção e aprimoramento das habilidades e competências já adquiridas com o treinamento, bem como o de reorganização em conjunto dos treinamentos em busca das conquistas que se pretendem alcançar. Portanto, é preciso avaliar como os atletas se encontram e o que já sabem em relação ao trabalho de Psicologia Esportiva para, a partir de então, buscar equacionar seus interesses com os interesses do meio esportivo onde estão inseridos e com o qual precisam lidar. É preciso observar ainda que nessa fase o goleiro pode passar muitos anos como reserva, e conseguir mantê-lo motivado no grupo para treinar e aguardar uma oportunidade para jogar pode ser uma das maiores dificuldades.

Como as pesquisas relatadas apontaram, os goleiros apresentam grande receio da cobrança por parte de colegas e da comissão técnica perante uma falha e nem sempre se sentem motivados para jogar, como ao "Ser avisado que será titular minutos antes do jogo", pois acreditam que haja a necessidade de uma concentração prévia para a partida, uma preparação psicológica para o jogo (Brandão, 2000). Uma declaração como essa deixa claro que ser titular não é o suficiente: é preciso tranquilidade emocional, a qual pode ser conquistada por meio da preparação psicológica. E, assim como as habilidades técnicas, táticas e físicas aumentam com o aumento do tempo de prática de treinos e competições, a habilidade psicológica segue o mesmo caminho (Brandão, 2000).

Para concluir, é importante deixar claro que não existe um modelo de trabalho na Psicologia Esportiva. Dependendo dos objetivos do atleta e da equipe interdisciplinar, poderão ser utilizadas diferentes metodologias de trabalho, as quais dependerão também da abordagem teórica adotada pelo psicólogo esportivo, o qual também deve levar em consideração o caráter cultural como um aspecto fundamental para se construírem propostas de intervenção mais adequadas às metas estabelecidas.

REFERÊNCIAS

ABDO, E. Psicologia do esporte no Brasil. In: RUBIO, K. (Org.). *Encontros e desencontros*: descobrindo a Psicologia do Esporte. São Paulo: Casa do Psicólogo, 2000. p. 15-9.

BANDEIRA, T. L. *O trabalho da psicologia esportiva em relação ao goleiro* (não publicado).

BECKER JUNIOR, B. *Manual de Psicologia do esporte e exercício*. Porto Alegre: Nova Prova, 2000.

BECKER JUNIOR, B.; SAMULSKI, D. *Manual de treinamento psicológico para o esporte*: aplicação das técnicas de preparação psicológica. 2. ed. Novo Hamburgo: Feevale, 2002.

BRANDÃO, M. R. F. *Fatores de stress em jogadores de futebol profissional*. 2000. 205 f. Tese (Doutorado em Educação Física) – Faculdade de Educação Física, Universidade Estadual de Campinas, Campinas, 2000. Disponível em: <http://libdigi.unicamp.br/document/?code=vtls000215630>. Acesso em: 10 mai. 2010.

BUCETA, J. M. O que um psicólogo pode ensinar a um treinador. In: BRANDÃO, M. R. F. et al. *Futebol, psicologia e produção do conhecimento*. São Paulo: Editora Atheneu, 2008. p. 63-86, v. 3. (Coleção Psicologia do Esporte e do Exercício).

COQUEIRO, D. P.; HONORATO, N. P. A psicologia aplicada às categorias de base do futebol. *E F Deportes*, Buenos Aires, ano 13, n. 123, ago. 2008. Disponível em: <http://www.efdeportes.com/efd123/a-psicologia-aplicada-as-categorias-de-base-do-futebol.htm>. Acesso em: 18 mai. 2010.

COZAC, J. R. L. *Psicologia do esporte*: clínica, alta performance e atividade física. São Paulo: Annablume, 2004.

D'ANDREA, F. F. *A adolescência*: desenvolvimento da personalidade. 9. ed. São Paulo: Berttana Brasil, 1982.

DA SILVA, A.; SPONDA, E. Relação ansiedade-estado e desempenho dos goleiros de futsal nas olimpíadas escolares. *Revista Interfaces*: ensino, pesquisa e extensão, ano 1, n. 1, p. 30-2, 2009.

EQUIPE UNIVERSIDADE DO FUTEBOL. Psicologia do Esporte é parte integrante da atividade esportiva. Setor deverá estar totalmente inserido e integrado no contexto esportivo. *Universidade do Futebol*, São Paulo, dez. 2008. Disponível em: <http://www.universidadedofutebol.com.br/2008/12/1,1879,PSICOLOGIA+DO+ESPORTE+E+PARTE+INTEGRANTE+DA+ATIVIDADE+ESPORTIVA.aspx?p=3>. Acesso em: 08 jun. 2010.

KNOBEL, M. A adolescência e o tratamento psicanalítico de adolescentes. In: ABERASTURY, A. (Org.). *Adolescência*. Porto Alegre: Artes Médicas, 1990. p. 111-41.

MACHADO, A. A. (Org.) *Psicologia do esporte*: temas emergentes. Jundiaí: Ápice, 1997.

MAHL, A. C.; VASCONCELOS-RAPOSO, J. Perfil psicológico de prestação de jogadores profissionais de futebol do Brasil. *Rev. Port. Ciênc. Desporto*, v. 7, n. 1, p. 80-91, jan. 2007.

MARKUNAS, M. Psicologia do esporte no desenvolvimento do papel profissional de atleta. *Rev. Bras. Psicol. Esporte*, São Paulo, v. 1, n. 1, p. 1-13. dez. 2007.

NÚÑEZ CÁRDENAS, R. A psicologia como ciência aplicada à iniciação esportiva. In: COQUEIRO, D. P.; HONORATO, N. P. A psicologia aplicada às categorias de base do futebol. *E F Deportes*, Buenos Aires, año 13, no. 123, ago. 2008. Disponível em: <http://www.efdeportes.com/efd123/a-psicologia-aplicada-as-categorias-de-base-do-futebol.htm>. Acesso em: 18 mai. 2010.

OSÓRIO, L. C. *Grupoterapia hoje*: grupoterapia com adolescentes. 2. ed. Porto Alegre: Artes Médicas, 1989.

RAMIREZ, F. A. *Uma perspectiva psicanalítica para treinamento em equipes de base de basquetebol*. 1999. Monografia (graduação) – Faculdade de Educação Física, Universidade Estadual de Campinas, Campinas, 1999. Disponível em: <http://libdigi.unicamp.br/document/?code=vtls000306090>. Acesso em: 18 mai. 2010.

RODRIGUES, M. C. P. *Psicologia do esporte*: discussões sobre o cenário brasileiro. 2006. 195 f. Tese (Doutorado em Educação Física) – Faculdade de Educação Física, Universidade Estadual de Campinas, Campinas, 2006.

RUBIO, K. Da Psicologia do Esporte que temos à Psicologia do Esporte que queremos. *Rev. Bras. Psicol. Esporte* (online), São Paulo, v. 1, n. 1, p. 1-13, dez. 2007. Disponível em: <http://pepsic.bvs-psi.org.br/scielo.php?script=sci_arttext&pid=S1981-91452007000100007&lng=pt&nrm=iso>. Acesso em: 14 mai. 2010.

______. Origens e evolução da psicologia do esporte no Brasil. *Rev. Bibliogr. Geogr. Cienc. Soc.*, v. 7, n. 373, 10 mai 2002.

______. *Psicologia do esporte*: interfaces, pesquisa e intervenção. São Paulo: Casa do Psicólogo, 2000. p. 15-28.

______. *Psicologia do esporte*: teoria e prática. São Paulo: Casa do Psicólogo, 2003.

Samulski, D. *Psicologia do esporte*: conceitos e novas perspectivas. Barueri: Manole, 2009.

Scaglia, A. J.; Medina, J. P. S. Conhecimento e futebol: as bases para sua compreensão em uma perspectiva inter e transdisciplinar. In: Brandão, M. R. F. et al. *Futebol, psicologia e produção do conhecimento*. São Paulo: Atheneu, 2008. p. 1-17, v. 3. (Coleção Psicologia do Esporte e do Exercício).

Scopel, E.; Andrade, A. Avaliação das características de personalidade de goleiros profissionais. *E F Deportes*, Buenos Aires, ano 10, n. 84, mai. 2005. Disponível em: <http://www.efdeportes.com/efd84/goleiros.htm>. Acesso em: 14 jun. 2010.

Silva, B. Mitos: Garrincha. *Rev. Imediata*, Indaiatuba, ano 8, n. 46, p. 42-5, jun/jul 2010.

Spinelli, di Gianluca. Preparazione portieri. Più uno che dodici. *Revista Digital*, n. 12, p. 36-7, mar 2005. Disponível em: <http://www.calciatori.com/magazine1.nsf/magazine/2A5A92840B828D67C125713A007AE7DA?OpenDocument>. Acesso em: 14 jun. 2010.

Valdés Casal, H. M. Fatos e reflexões sobre a história da Psicologia do Esporte. In: Brandão, M. R. F.; Machado, A. A. *Teoria e aplicação*. São Paulo: Atheneu, 2007. p. 1-29. v. 1. (Coleção Psicologia do Esporte e do Exercício).

Valdés Casal, H. M.; Brandão, M. R. F. Modelos de prática profissional na Psicologia do Esporte. In: Brandão, M. R. F.; Machado, A. A. *Teoria e aplicação*. São Paulo: Atheneu, 2007. p. 59-70. v. 1. (Coleção Psicologia do Esporte e do Exercício).

Viana, A. R. *Treinamento do goleiro de futebol*. Viçosa, MG: s/e, 1995.

Weinberg, R. S.; Gould, D. *Fundamentos da Psicologia do esporte e do exercício*. Porto Alegre: Artmed, 2008.

5

ENTÃO, O QUE É SER GOLEIRO(A)?

SEGUNDO GOLEIROS(AS) E PREPARADORES DE GOLEIROS, SER GOLEIRO É...

"Ser goleiro é ser ESTEIO, é sustentação, é aquele a quem recorremos do primeiro ao último instante, é aquele que parece não poder falhar. MAS, para ser GOLEIRO tem que trazer em sua essência essa capacidade de apoiar para que outros se tornem indispensáveis, uma doação constante sem nenhuma obrigação de tornar-se notável. É aquele incentivo que vem lá de trás incansável e solitário, quase sempre imperceptível, mas que é determinante para o alcance do objetivo final."

GLEDSON RIBEIRO DOS SANTOS
(GOLEIRO PROFISSIONAL)

"Ser goleiro, antes de tudo, é ser apaixonado pelo o que faz, pois é a paixão que nos move e nos dá forças para suportar as dificuldades e as turbulências que existem nessa posição."

VICTOR LEANDRO BAGY
(GOLEIRO PROFISSIONAL)

"Ser goleira não é só ser na maioria das vezes a última esperança, mas é transpor barreiras, não é só encarar adversários famintos por bola na rede, é encarar desafios que muitos nem sonham em encarar, não é ser a menos habilidosa, mas sim ser a mais corajosa de todas!"

ANA PAULA DE OLIVEIRA SILVA
(GOLEIRA PROFISSIONAL)

"Ser goleira está no sangue, é algo que nasce com você. É crescer com a pressão, é gostar de desafios e não conhecer a palavra impossível... Ser goleira é ser única, é ser louca."

Júlia Lucato Oliveira
(Goleira Profissional)

"Ser goleira não é uma tarefa fácil, enfrentamos muitos obstáculos, começando pelo simples fato de treinarmos separado, usar luvas e roupas diferentes, mas se torna algo especial, quando se tem o prazer de atuar nessa posição. Um bom time inicia com uma boa goleira, mas não basta apenas ser bom no que faz, e sim ter coragem e muito caráter para conquistar seu espaço. Ser goleira é ser especial."

Thaís Helena da Silva
(Goleira Profissional)

"*El arquero es el jugador con más entrenamiento específico, que combina la velocidad, la técnica, la reacción y la potencia; siendo así, uno de los jugadores con mas decision, segurida y confianza; convirtiendose en la base y el respaldo de todo un equipo.*"

(O goleiro é o jogador com maior treinamento específico, combina velocidade, técnica, reação e potência; sendo assim, é um dos jogadores com maior decisão, segurança e confiança, tornando-se a base e o respaldo de toda uma equipe.)

Paula Natalia Villarraga Mello
(Goleira Profissional)

"Ser goleira, como todos já sabemos, é ser heroína e vilã, é saber que você é tão importante quanto qualquer outra jogadora de linha mesmo não sendo reconhecida, que pode ser o destaque do jogo, mas nunca sair na primeira página do jornal, é a primeira a entrar em campo para treinar e a última a sair, é a que mais treina e a que às vezes nem participa do jogo, mas em que em um instante pode se tornar uma muralha ou uma frangueira e ser crucificada para o resto da semana, do mês ou lembrada eternamente. Ser goleira é ser o coração do time, é querer evitar o inevitável sempre achando que no fundo dava para defender. É comemorar o gol do seu time sozinha... isolada, mas ao fazer uma defesa praticamente indefensável é sentir o prazer de ter ganho um campeonato."

Viviane Holzel Domingues
(Goleira Profissional)

"Goleiro... profissão, lazer, esporte, desafio... cada um sabe na sua intimidade o seu significado. Somente quem está diante do gol e às vezes solitário para dar o real valor dessa posição. Algumas tristezas, muitas superações, mas extremamente feliz de ter este dom e dizer, eu sou GOLEIRO. Que Deus sempre esteja conosco."

Leonardo Françoia Oliveira
(Goleiro em Categorias de Base)

"Ser goleiro para mim é a melhor coisa do mundo! Sinto-me tão importante como um atacante, que posso decidir uma partida em um único lance defendendo o gol. Sei que para conseguir chegar aonde sonho tem que treinar muito e amar muito que faço, pois um erro pode levar o time à derrota e o goleiro ao banco. Os goleiros são os que mais treinam, para não dar chance aos erros. Tem que saber que na maior parte das vezes a camisa estará acima das coisas que gosta: momentos com a família, com os amigos, lazer e tempo para estudar!

Para ser goleiro não basta querer, você tem que ter garra e muita dedicação!"

Igor Queiroz Blasque
(Goleiro em Categorias de Base)

"A posição do goleiro em relação ao time é de muita importância, sua participação em determinados lances da partida pode ser a consumação de uma vitória ou até mesmo a derrota. Temos que superar todas essas adversidades, pois quando o goleiro defende uma bola evitando o gol, mostramos também a nossa capacidade de preparador de goleiros e a importância que temos dentro do trabalho da equipe, sendo assim, os goleiros devem estar altamente atentos e condicionados para tal tarefa."

Fábio Antunes de Souza Flórido
(Preparador de Goleiros das Categorias de Base do Sport Club Corinthians Paulista)

"Goleiro! Como definir uma palavra como essa?

Sim, há uma definição. Definição que só pode ser dada por quem joga, já jogou ou trabalha nessa área.

É uma sensação única de paixão, prazer, alegria e tristeza. Tristeza ao ser vencido pela bola na rede, o 'gol', mas o prazer e a paixão pelos encantos que o goleiro tem ao praticar defesas fantásticas, provando ali suas aptidões, sua força de vontade, seu profissionalismo, sua técnica, coisas que são adquiridas ao longo de um trabalho árduo, com as quedas contínuas, as correções, as repetições, centenas de repetições. Às vezes, nem sempre da maneira correta, sem os materiais apropriados, mas superados pela força de vencer, para se tornar um especialista embaixo das traves, pois o goleiro é técnica pura, um controlador de emoções.

Persistência; talvez seja a palavra-chave para esse profissional, pois só pode jogar um, e sabemos que quando temos a oportunidade temos que dar a vida para segurá-la e, mesmo assim, somos contestados e criticados, e isso vai sempre fazer parte dessa nossa vida e dessa profissão.

Trabalhar nessa área é uma gratidão enorme, você pode passar o que aprendeu; corrigir, ver o crescimento dia a dia daquilo que está sendo feito e implantado no trabalho, pois posso dizer que também acabamos aprendendo um pouco, afinal estamos sempre querendo melhorar.

Você viver o dia a dia, viver os problemas de cada goleiro, ajudando-os nas suas dúvidas, seja em qualquer tipo de desafios, é como se você estivesse ali com seus filhos. Passamos a conviver mais com esses profissionais do que com a nossa própria família.

Em suas alegrias e conquistas também estamos alegres, nas tristezas e nas falhas estamos sempre tristes por dentro, mas cheios de carinho e compreensão para apoiá-los no momento difícil.

Eles buscam em nós o "porto seguro", para desabafar, trocar ideias e saber que estaremos sempre com eles, independentemente de qual for o resultado de uma partida, sendo o melhor ou o pior em campo, mas sabendo que são seres humanos.

Ser goleiro é algo mágico e sabemos o porquê: com suas roupas diferentes, sua postura elegante, sua segurança, o goleiro é diferenciado em tudo, com uma responsabilidade imensa sob suas costas.

Não tem palavra que descreva o que é o goleiro, mas sim o prazer de ser.

Defino com uma simples frase essa profissão abençoada por Deus."

"O gol é um lugar mágico de momentos eternos, mas também um lugar sombrio onde se vive imensa solidão".

Mauri Costa Lima
(Preparador de Goleiros da Equipe Profissional do Sport Club Corinthians Paulista)

Sobre o autor

Renan Monteiro Queiroz é licenciado e bacharel em Educação Física pela Universidade Bandeirante de São Paulo (UNIBAN) e é especialista em Treinamento Esportivo pela Universidade Gama Filho (UGF). Atuou como preparador de goleiros na Academia de Goleiros Fechando o Gol, na equipe de Futebol Feminino do A.D. São Caetano e do Sport Club Corinthians Paulista. Teve passagens como goleiro por clubes como Ituano, São Bernardo, Bragantino, Santos, Flamengo de Guarulhos e Clube Atlético Catarinense. Atualmente, é treinador de goleiros das categorias de base do Sport Club Corinthians Paulista.

Colaboradores

Tania Leandra Bandeira é graduada, mestre e doutora em Educação Física pela Universidade Estadual de Campinas (Unicamp). Atua como docente em cursos universitários.

Roberto Tadeu Iaochite é licenciado em Educação Física, mestre em Ciências da Motricidade pela Universidade Estadual Paulista (Unesp – Rio Claro) e doutor em Educação pela Unicamp. Atualmente, é professor-assistente doutor do Departamento de Educação do Instituto de Biociências da Unesp – Rio Claro.

Renê Drezner é graduado em Esporte e mestrando na área de Esportes pela Escola de Educação Física e Esporte da Universidade de São Paulo (USP). Possui experiência em treinamento e análise de jogo em equipes profissionais de futebol (masculino e feminino) e categorias de base. É coordenador do Grupo de Estudos e Pesquisas de Futebol e Futsal (GEPEFFS) da EEFE-USP.

José Alberto Aguilar Cortez é professor-doutor do Departamento de Esporte da Escola de Educação Física e Esporte da USP – Disciplinas: Futebol e Futsal –, e professor responsável pelo Grupo de Estudos e Pesquisas de Futebol e Futsal (GEPEFFS) da EEFE-USP.

Posfácio

Ensaio sobre a loucura

Bendito Renan Monteiro Queiroz. Defendeu o goleiro brasileiro diante dos usuais ataques gratuitos e insanos. Até de gente brilhante como o saudoso humorista Don Rossé Cavaca, dos tempos dos guarda-metas que pegavam com breu e no breu as pelotas de capotão. Autor da máxima: "Maldito é o goleiro. Onde ele pisa não nasce grama".

Não nascia. Porque, desde o mestre Valdir Joaquim de Morais, no início dos anos 1970, a semente gerou mais craques do ofício sagrado de defender solitariamente o que dez atacam. O jogo virou. O goleiro brasileiro cresceu. Ganhou altura, peso, impulsão, velocidade de reação, posição, qualidade. Ganhou mais jogos e mais campeonatos. Mais que qualquer goleiro do planeta, o brasileiro fechou o gol e abriu novos mercados. A Itália que se acha guardiã dos arqueiros planetários já teve brasileiros como titulares, reservas e reservas dos reservas. Sempre com reserva de propriedade e origem controlada de goleiros que nasceram e cresceram pelos campos do Brasil como por aqui germinam craques como mamonas.

Mas essas mãos não nasceram sabendo. Desenvolveram-se. Porque ninguém treina mais que goleiro. Mas poucos sabem treiná-los. Este livro joga para escanteio surradas teses, ou práticas pouco vistas. Por meio dele, não só os craques que nos defendem pelo mundo poderão usufruir das técnicas e manhas e modos expostos nesta obra. Você que, como eu, vira-se debaixo das traves (ou melhor, pouco à frente delas), vai melhorar só de ler. Só de saber mais. Só de tentar entender essa vida de louco que é ser goleiro.

Também dizem que ou o goleiro é louco, ou é... doido mesmo. E o preconceito, que é piada lamentável, é defendido em um só tempo por um que é maluco pelo ofício. Apaixonado pelo que faz.

Logo, mais sãos que muitos que não sabem onde enfiar as mãos.

Não por acaso, e cada vez mais, os goleiros brasileiros são beatificados e canonizados. Não sei se você vai virar santo. Mas um pouco mais doido por essa paixão de ser goleiro, isso você vai, pulando de página em página.

Mauro Beting, doido como jornalista esportivo, louco como goleiro.

SOBRE O LIVRO
Formato: 21 x 28 cm
Mancha: 15 x 23 cm
Papel: Offset 90 g
nº páginas: 200
1ª edição: 2012

EQUIPE DE REALIZAÇÃO
Assistência Editorial
Cyntia Vasconcellos

Assessoria Editorial
Maria Apparecida F. M. Bussolotti

Edição de Texto
Juliana Maria Mendes (Preparação do original e copidesque)
Fernanda Fonseca e Roberta H. S. Villar (Revisão)

Editoração Eletrônica
Estefânia Mariano Lorenzetti (Capa, projeto gráfico, diagramação e tratamento de imagens)
Ricardo Howards (Ilustrações)

Fernando Paes (Fotógrafo)

Wellington Luiz Gonçalves e Thales Damasceno (Modelos)

Impressão
Edelbra Gráfica